STRESS LESS WORD SEARCH™

CHEERFUL PUZZLES

100 WORD SEARCH PUZZLES FOR FUN AND RELAXATION

Charles Timmerman, Founder of Funster.com

T0057275

Adams Media
New York London Toronto Sydney New Delhi

Dedication

Dedicated to my family.

adamsmedia

Adams Media
An Imprint of Simon & Schuster, Inc.
100 Technology Center Drive
Stoughton, MA 02072

Copyright © 2017 by Simon & Schuster, Inc.

All rights reserved, including the right to reproduce this book or portions thereof in any form whatsoever. For information address Adams Media Subsidiary Rights Department, 1230 Avenue of the Americas, New York, NY 10020.

Stress Less™ is a trademark of Simon & Schuster, Inc.

ADAMS MEDIA and colophon are trademarks of Simon and Schuster.

For information about special discounts for bulk purchases, please contact Simon & Schuster Special Sales at 1-866-506-1949 or business@simonandschuster.com.

The Simon & Schuster Speakers Bureau can bring authors to your live event. For more information or to book an event contact the Simon & Schuster Speakers Bureau at 1-866-248-3049 or visit our website at www.simonspeakers.com.

Manufactured in the United States of America

6 2022

Library of Congress Cataloging-in-Publication Data has been applied for.

ISBN 978-1-5072-0067-4

Many of the designations used by manufacturers and sellers to distinguish their products are claimed as trademarks. Where those designations appear in this book and Simon & Schuster, Inc., was aware of a trademark claim, the designations have been printed with initial capital letters.

Contains material adapted from *The Everything® Giant Book of Word Searches* by Charles Timmerman, copyright © 2008 by Simon & Schuster, Inc., ISBN 978-1-59869-536-6; *The Everything® Giant Book of Word Searches, Volume 2* by Charles Timmerman, copyright © 2010 by Simon & Schuster, Inc., ISBN 978-1-4405-0001-5; and *The Everything® Giant Book of Word Searches, Volume 3* by Charles Timmerman, copyright © 2010 by Simon & Schuster, Inc., ISBN 978-1-4405-0033-6.

ACKNOWLEDGMENTS

I would like to thank each and every one of the more than half a million people who have visited my website, Funster.com, to play word games and puzzles. You have shown me how much fun puzzles can be and how addictive they can become!

It is a pleasure to acknowledge the folks at Adams Media who made this book possible. I particularly want to thank my editor, Lisa Laing, for so skillfully managing the many projects we have worked on together.

CONTENTS

Introduction • 7

Puzzles • 9

Answers • 111

Introduction

THE PUZZLES IN THIS book are in the traditional word search format. Words in the list are hidden in the puzzle in any direction: up, down, forward, backward, or diagonal. The words are always found in a straight line, and letters are never skipped. Words can overlap. For example, the two letters at the end of the word "MAST" could be used as the start of the word "STERN." Only uppercase letters are used, and any spaces in an entry are removed. For example, "TROPICAL FISH" would be found in the puzzle as "TROPICALFISH." Apostrophes and hyphens are also omitted in the puzzles. Draw a circle around each word you find. Then cross the word off the list so you will always know which words remain to be found.

A favorite strategy is to look for the first letter in a word, then see if the second letter is one of the neighboring letters, and so on until the word is found. Or instead of searching for the first letter in a word, it is sometimes easier to look for letters that stand out, like *Q*, *U*, *X*, and *Z*. Double letters in a word will also stand out and be easier to find. Another strategy is to simply scan each row, column, and diagonal looking for any words.

PUZZLES

Go Fly a Kite

E N V N W X O E J B I V R D D C C E W O
Y I W A O X N T C X X E L Q J E P I N J
U E D E C I R V O H P E S K R A P W F L
J D B W L A T L M A I Z H G H V Y M D I
G J A E I Z O A P F S N P S N P K B W I
N Z R E N N U R E T I K E Z K I E T I T
I N X I R J G A T R H R Y S V Z R K E D
Y E X R H H A S I N C V Y S E H T T A U
L T R P K Y T M T R A E I E T A I L S M
F I Q V G S N G I S E D R A L K M L T W
K K G G I D B Z O N B B E A O U A F R W
V X V H S P R I N G F R I L O V I F A Y
S O A B T M G E N W O R B E I L R A H C
P B I Y G N R L H D E O A T D C S B G Z
I S L N I D I D Y T X Q S N O G A R D X
N A T N L V C N A W T E O R K T W I N E
N S N I C S A M G G F M S Y A L P C W U
E U H Y C M B Z K F A N G A H H I G H O
R C F T I K Q C L I J C M L O R T N O C
K Y E C H D S I D X P E R I Q L L D V M

AERODYNAMIC
AIR
ART
BEACH
BENJAMIN FRANKLIN
BOX KITE
BREEZE
CHARLIE BROWN
CHILDREN
CHINESE
COMPETITION
CONTROL
DESIGNS
DIAMOND
DRAGON
FABRIC
FESTIVALS
FIELD
FLYING
FUN
HIGH
KITE RUNNER
LIFT
LIGHTNING
LINE
MAKE
MATERIAL
PAPER
PARKS
PLAY
RECREATION
RUNNING
SHAPE
SKY
SPINNER
SPRING
STICKS
STRINGS
TAILS
THREAD
TWINE
WINGS

Solution on page 112

Solitude

L T L K Y R A T I L O S A I N T S E L F
H J H M A H D D U B B K R F F G N D G G
Z A E V I R E S T L R E C H A R G E N F
R T R X T N O I T C E P S O R T N I T L
G D M H T U D G T R V Y L K H L D Z H B
L G I I O B E I U M P S C W I N E F E M
T N T Y R K M S H E R R T G A O L D R N
K Y G T R E A T M E N T H T F I I F A S
L R M J S E F E L U Q T S D O T B G P I
I X A G L Y H I C S E R Q T Y A E I Y L
Q S B P W T G B E N E F I T S T R I C E
E N O L A I A Y M D E C E S A I A E M N
W H D L O V Z E N O W S L T T D T L G C
E K Z U A I N U O K D F B U O E E P Y E
L E S L U T R P E A C E A A S M R Y C D
W Y U Q I A E C A L P L E A Y I E I T M
V E Q U I E T D W X K D S R V Y O R O O
D O N T G R O W T H Q J S A F H A N S O
I V I P Y C Y C P N U O C C C P K R N R
T Y P J S M Q U J E U Y R O A S X E P H

ABSENCE
ALONE
APART
BENEFITS
BUDDHA
CHOICE
CREATIVITY
DELIBERATE
ENLIGHTENMENT
FREEDOM
GROWTH
HERMIT
IDENTITY
INTROSPECTION
ISOLATED
JOY
MEDITATION
MIND
MONKS
PEACE
PLACE
PLEASURE
PRAY
PRIVACY
QUIET
RECHARGE
RELIGIOUS
REMOTE
REST
ROOM
SAINTS
SECLUSION
SELF
SILENCE
SOLITARY
SPIRITUAL
THERAPY
THINK
TIME
TREATMENT
UNDERSTANDING
VALUED

Solution on page 112

Love

R R E E W F Y W J H P D E S I R E K U O
K G I L D I F F C I E N E R D L I H C H
S E G O Z D L V H T F E E L I N G S P P
H E G L P I H S D N E I R F G N I T A D
W L L N O I T O V E D R N F M M R F R E
C B W P X R D I F M W F C E W R F S E A
S L R W U R L I V H D Y O M N E A N N R
C T A O E O W P F C C O M O C H M O T T
M D C N T D C N I A Q B M T A T I I S P
O N C E O H D O M T C F I I R O L S S H
Z A O G P I E I H T Y O T O I M Y S E G
I B M I U S T R N A N G M N N N H A W O
F S A R T N E I D G B D E S G B R P D X
L U R L I C X R D T E I N X L T A M N E
O H R F T W A A I N F A T U A T I O N T
W T I R U S O R F Z O F B A G R E C H E
E R A I T B U M T T U C C I T N A M O R
R U G E E R E L A T I O N S H I P S Y N
S S E N I P P A H N A N Y U G I O C A A
D T V D N I K F V O V A L E N T I N E L

AFFECTION
ATTACHMENT
ATTRACTION
BOYFRIEND
BROTHER
CARING
CHILDREN
COHABITATION
COMMITMENT
COMPASSION
COUPLES
COURTSHIP
DATING
DEAR
DESIRE
DEVOTION
EMOTIONS
ETERNAL
FAMILY
FEELINGS
FLOWERS
FRIENDSHIP
GIRLFRIEND
HAPPINESS
HEART
HUSBAND
INFATUATION
INTIMACY
KIND
LUST
MARRIAGE
MOTHER
PARENTS
RELATIONSHIPS
RESPECT
ROMANTIC
TRUST
UNCONDITIONAL
VALENTINE
WEDDING
WIFE
WOMAN

Solution on page 112

Crazy Water Balloons

U F T F C K R R C Q W M V L J F F O L N
P L A Y I E U K G G E E A M J V V I W S
I E U D L L W E R S K L Z Q F Z I E Q W
B U S T Y D L E U F D A T H Y R W C L K
T M T E P Z N M E P Y B N E P U Y J M E
X A U V Z A M E S T B O P U M X F N M P
B V H O D E R W I S L O T M F R P F E B
H C N E R D R V R R P K L A U N C H D F
I C D Q D C R Q P O F S U B R B K G I H
A G T T H G I F R O Q C B P K G A R H V
O O S A V E W Y U D E E F L A T E X V R
G R S P C A H K S T R M Z Z C S R T O Y
V E Y A W E L I Q U I D I B O M B S T C
B K G I N L G V H O S E U A G T H R O W
A O S N N G M X E A X Y K U Z X A U R G
U J G S E D J A M K G L V N H P D B R E
L G V F E J E W W N Q T G F G R O O Z I
T R O L F Y J V F N H R E G A A U R P T
T B N V J E R D E X B R K W L N M P D H
B Z P B J R M V L Y R L V E D K O E B N

AIM
BATTLE
BOMB
BREAK
BURST
BUST
CATCH
CHASE
DRENCH
DROP
FAUCET
FIGHT
FILL
FIRE
FRIENDLY
FUN
GAME
GRENADE
HID
HOSE
JOKE
KIDS
LATEX
LAUNCH
LIQUID
LOB
NOZZLE
OUTDOORS
PARTY
PLAY
POP
PRANK
ROUND
RUBBER
SOAK
SUMMER
SURPRISE
TARGET
THROW
TIE
TOY
VALVE
WAR
WET

Solution on page 112

Stress Relievers

N L X C J E T A L O C O H C B F Z I W O
D R L X N F M F J R X V O M P A N U Z I
L T B F G U I D E D I M A G E R Y X N Y
M W E Y S K O O B J M S Q D B U A E G M
P L A I P A S F L U S A U A R L M Y J M
V L C L X A D W N A B N G I E A D I E T
P W H K K J R I G U Z B P R G X W O R R
O Q A H C L C E S S E N L U F D N I M S
H B R R F A D Y H P G V Q E Z I I D N G
B S T O T U B N G T S A H H B Z M Q I G
D S W I T G D D R T O C R M M A L D B C
N E O W E H C D E T W A G D C P T E I N
J N R W X I A P E E G T I O E Z E H S L
E T K S I N G I N G F I L D D N S W C I
C I N K C G U J T K N O I T A T I D E M
X F J I X Q E B E C R N I P B E C N W I
S H N N F I V U A I V Z S B X N R X G T
A G O Y O H Y P N O S I S Z P E E L S S
J F U I E M G G N I K O O C N M X R X Y
C P H H F T M N B D S J A M M I E S X J

ARTWORK
BIOFEEDBACK
BOOKS
BUBBLE BATH
CHOCOLATE
COLORING
COMMUNICATION
COOKING
DANCING
DIET
DOG
DRAWING
EXERCISE
FITNESS
GAME
GARDENING
GREEN TEA
GUIDED IMAGERY
HUGS
HYPNOSIS
JAMMIES
LAUGHING
LIMITS
MASSAGE
MEDITATION
MINDFULNESS
MUSIC
NAP
PETS
PLAY
PRAYER
PUZZLES
QUIET
READ
RELAX
SINGING
SLEEP
SPA
THERAPY
VACATION
WALK
YOGA

Solution on page 112

Backyard Barbecue

K B T L V I D B L T L W L C S M J Q U T
T U S A U S A G E S X N L Z M Z P R Z Q
E U R O B H G I E N L R T P A T I O I I
K Y O C W O O P Y C H I P S T D I A R T
C T S R U W T A R B U B S F C S S S Y K
P R G A H Q R O Q Y R S D N H U T T B X
E A N H J D L B P P U H C T E K S E V K
U P O C V X S I Y P L S S S S T E R Q A
C I T B F E T Q C Z I S D K C R U P V B
D A E D R A G L H E T N K A N Q G X C P
S C U V J D N G A R E O G O L I V U N V
K W E K H V I I I I G M U S T A R D A U
X G C P I W R I R E A T S F N S S D Y O
V F C B H O P F S E S Z Q U T I O E K A
N P U W L Q S R R I K E E E M S K V E I
G N P L C R A V D I C O A M U M N P B Z
K V S Y C S H E U O A K M T A M E X A Q
K E P N N J E B R I N H H S I L E R B N
W N M R K G S N L C S H T B D N F A D V
Z Q U H V A F R H B A O L L I R G K T Y

BEER
BRATWURST
BUN
CHAIRS
CHARCOAL
CHIPS
CORN
CUPS
DRINKS
FLAME
FRIENDS
GAS
GRILL
GUESTS
ICE
KEBAB
KETCHUP
MATCHES
MEAT
MUSTARD
NAPKINS
NEIGHBOR
OUTSIDE
PARTY
PATIO
PORK
RELISH
RIBS
ROAST
ROLLS
SALADS
SAUSAGES
SEATING
SERVE
SMOKE
SNACKS
SODA
SPRING
STEAK
SUMMER
TONGS
TOPPINGS
UTENSILS
VEGGIES
YARD

Solution on page 112

Homecoming Joy

I W O H E A A Q S O K I N G L O O H C S
G E S W G D N T I Q C E L E B R A T E K
U Z K O F C R T K M E G R E C V B T I D
Q B F A E O A U T U M N N R L P A I K J
A R V R P L R B Q X T L O I F M N C T T
Y Z R S I L U M F B Z W I I S A D K N E
D N E K E E W D A A N T T S N J P E P B
L N T T J G N L E L L G A S S U V T E Z
E N U G N E L D U H A L N I I E E S P T
O E R C A F W U S U C H O I L E R R R V
V G N M L M L W N N T S R P R G M D I E
Z D Q L O X E O L I I G O Z N E A X N G
E F J R C L S M A E V Z C O E N H T C Y
C F P Q C T P T R T I E I R C D R T E U
A E Q O A C C I U N T T R E A U Y I A H
X O M L S I F Z C D I B B S O M N U Y G
E E G E I N T G J D E N N C I M H M T J
T I L J O C F S A F S N E R U T L U C W
A C V B N I J R A L L Y T L B T Y G T W
D I T W D P T B W P K L A S P K T M Z A

ACTIVITIES
ALUMNI
AUTUMN
BALL
BAND
BONFIRE
CELEBRATE
CLASSMATES
COLLEGE
CORONATION
COURT
CROWN
CULTURE
DANCE
DATE
DRESS
EVENT
FALL
FLOAT
FORMAL
FRIENDS
GAME
GATHERING
KING
NOSTALGIA
OCCASION
PAST
PEP
PICNIC
PRINCE
PROM
QUEEN
RALLY
RETURN
REUNION
SCHEDULE
SCHOOL
SPORTS
STUDENTS
TAILGATE
TICKETS
TRADITION
UNIVERSITY
WEEKEND
WELCOME

Solution on page 113

Very Bright

A T Y L F P E K T W E V S Q S K C B U C
K E A R S W R B S H R C G N I H T O L C
H Z G L Y N Y Q R T G E O U K B G E S D
A G I Y T G O M O Y N I B L U B O H E U
G Q K D E U H I S B T E L W O L L E Y Y
J I T J E W E L S C A N D L E R Y K E E
X B J E T A N I E O S G N U M H S A L F
O N L A H T L L F W L Q Q N T S S M I F
I Z Y A G V F Y O A Y P X Q H S I T H E
G P U O E E I B R L A I X I R R V A R A
E K D R R S N E P B Z F N E R D L I H C
D X Y I Y I V I E S G E T O F O F V K J
Z W B E A C H R U L D T R O T I N O M B
G Y J R T M A C O S I S P A R K O R E K
M T T N P I O W Z L R M M M S M A R T K
V H J N D I H N G I O C S R A T O D A Y
X O C C O F S W D O B W A W S L U W L A
N K J P Z U R R N L O C C B U H N M P V
V S N X D B L E F N O E N W N X T G U M
F Z Y A D R F I S M Q G F O C G K O X E

BEACH
BULB
CANDLE
CARS
CHILDREN
CLOTHING
COLORS
DAY
DIAMOND
EXPLOSIONS
EYES
FIRE
FLASH
GENIUS
GLARE
GLITTER
GLOW
GOLD
HALO
IDEA
JEWELS
LAMP
LIGHT
METAL
MIRRORS
MONITOR
MOON
NEON
PROFESSORS
RAINBOWS
REFLECTION
SHINE
SILVER
SKY
SMART
SMILE
SNOW
SPARK
STAR
STUDENTS
SUN
TEETH
WHITE
YELLOW

Solution on page 113

Winnie the Pooh

S V L Y S R P T P I G L E T W N N B E F
X I U T E D D Y B E A R J Z D Y B I H A
E D M H R N G E S N F C X N O O T R A C
B E P Z O Q S E O S H O S T U F F E D T
Z O Y D Y U R I R F O R E S T K Z D O L
G S P E E I T A D V E N T U R E S S T W
I N N I E C B D F T K E G D S Z Z H F T
F O V S I B G I D T L R X S A Y U I R C
H O P F I L L U S T R A T I O N O R I G
M J W T C M Z B I S V E W J D P N T E K
I B C C H R I S T O P H E R R O B I N I
V O J H A N B W I N N I E H I O R G D G
A I W I R R O S N R W D E S E H I G S D
X M F L A A T I H G A F I Y C S T E K R
T Y P D C E H T T C F V N Y T T I R O P
M K O R T B E S R A E B E O E I S W O K
M V E E E H R E L L M L R W U C H C B U
I G L N R O B U E N L I M A A K A N G A
N Q Q G S O M T U O E B N K F S L P M H
C W I V G P M B W S L C L A S S I C Y Q

A.A. MILNE
ADVENTURES
ANIMATION
BEARS
BOOKS
BOTHER
BRITISH
CARTOON
CHARACTERS
CHILDREN
CHRISTOPHER ROBIN
CLASSIC
CORNER
EEYORE
FICTIONAL
FILM
FOREST
FRIENDS
GOPHER
HEFFALUMP
HONEY
HUNDRED ACRE
ILLUSTRATION
KANGA
LUMPY
MOVIE
OWL
PIGLET
POOH BEAR
POOHSTICKS
RABBIT
RED SHIRT
SERIES
SONGS
STORIES
STUFFED
TEDDY BEAR
TELEVISION
TIGGER
TOYS
TREE
VIDEOS
WALT DISNEY
WINNIE
YELLOW

Solution on page 113

Gratitude Journals

A S Q M T H A P P Y R A I D E S T U O X
T X S T S S E N L U F K N A H T Q Y V J
T G E S S E R G O R P E N I N H J L N K
S E T A V I R P F I G L R L P G S W Y V
O A W T B S R U H V T B X Y G U M E F U
O S T T K T O M A R N A H D R O C E R T
B S E I R T N E N O E Y I M A H D K C N
D K F T S H F X D F M O N C T T O L A L
M Y P U S F A V W R G J P P E H O Y L D
S G P D Q W A B R C D N J F F R G O E V
G O S E W S T C I U E E I C U O P D N C
N L V G L N F T T T L L I A L U A P D O
I O E Q N O S A T I W N Q B N T R Q A M
H H V G N I L E E F O T I F E N E B R M
T C E W M T S M N R N N P O S I T I V E
A Y N I G O Z S T H K P E R S O N A L N
M S T G H M M C E E C N E I R E P X E T
R P S Q K E E S S L A O G V O Q O D Y F
O A H E A L T H Y P B U C V G M D B J S
F K F K E N T H U S I A S M X S Z M N S

ACKNOWLEDGMENT
APPRECIATION
ATTITUDE
BENEFIT
BLESSINGS
BLOG
BOOST
CALENDAR
COMMENT
DAILY
DATE
DIARY
ELECTRONIC
EMOTIONS
ENJOYABLE
ENTHUSIASM
ENTRIES
EVENTS
EXPERIENCE
FEELING
FORMAT
GOALS
GOOD
GRATEFULNESS
HABIT
HANDWRITTEN
HAPPY
HEALTHY
HELP
LIFE
OPTIMISTIC
PERSONAL
POSITIVE
PRIVATE
PROGRESS
PSYCHOLOGY
RECORD
SATISFACTION
THANKFULNESS
THINGS
THOUGHTS
WEEKLY

Solution on page 113

Games People Play

Z Q Y Z F X K Z F A O F V T F S L A O G
H F E L O S E O V M D O A I N P Q C N V
P I O N O X L J I N L I F M I O Q T P Y
P R Z L T N E R D L I H C E O R C Q R C
L G Q E B E N W E E H G C E N T V Z R H
A D A S A Q R Y O X B E A D L S C I O A
Y M T K L U B T G O S N R U I H C C F N
E C P I L A B U A I Q J D C N K K I S C
R H D L L L N R M I I O G A E E E E U E
S E Y L N C D F E D N Y A T Y L L N N A
F C T S O G X D S O R M M I D U B W O Z
L K G U A I I G I E D E E O R R B N I R
X E B M P S A T C C S N S N U F A J T N
D R E O T M I C M B G T A A T G R B A F
W S K U B T O N E G N E L L A H C Z E A
Y E O L E S R C N Z U B J Y Y A S W R M
R S I P X U V A L E K W J S I D Y T C I
I N M Y L J T G J M T A G U X O N O E L
G O K Y H O V M I V P I C T I O N A R Y
C L P B O S T R A T E G Y T I V I T C A

ACTIVITY
BET
BOARD GAMES
CANDY LAND
CARD GAMES
CHALLENGE
CHANCE
CHECKERS
CHILDREN
COMPETITION
COMPUTER
CRICKET
DICE
EDUCATIONAL
ENJOYMENT
ENTERTAINMENT
FAMILY
FIELD
FOOTBALL
FUN
GAMBLING
GIN
GOALS
HOCKEY
LOSE
ONLINE
OUTSIDE
PICTIONARY
PIECES
PLAYERS
POKER
RECREATION
RULES
SCRABBLE
SKILLS
SOCCER
SPORTS
STRATEGY
TAG
TEAM
TENNIS
TIME
VIDEO GAMES
VOLLEYBALL
WIN

Solution on page 113

Circus Act

L Y L I M A F L E A C I R C U S T E N T
H M G R E T S A M G N I R H E G R S O A
O S N O O L L A B A N D V S H I N Y C H
T L T E P O R T H G I T R U W W S R H G
D A R E D E V I L X T O M H O R O V G N
O P A S L A M I N A H A G L I B M S Y I
G S P S E I N O P G N I C N A D R E Y N
S T E H D G B E N C H X G T G E G Q E N
T I Z H B W R A A S J S S N H N F S D I
U C E R H F M N C J C E I T I Z I N Y P
N K O O O G N I W O L L A W S D R O W S
A S M R N O T R T E G E O L D I E I J E
E W M O N S E T P G R R A I M L E S Y T
P E R B A T O H U B H B R O U L A S R A
R T A N H N A J E T V I E N N U T E B L
S L M G C N V R E S C G N T R S I C B P
L Y U A T U I F Q N I C I A A I N N U T
G A N S T F I K N O G A A M B O G O A K
L D P A T N E M N I A T R E T N E C O G
Y S Y E K N O M P L M S T R P O T G I B

ACROBATS
ANIMALS
BALLOONS
BAND
BIG CATS
BIG TOP
CLOWNS
CONCESSIONS
COTTON CANDY
DANCING PONIES
DAREDEVIL
ELEPHANTS
ENTERTAINMENT
FAMILY
FIRE-BREATHERS
FIRE-EATING
FLEA CIRCUS
GYMNASTICS
HIGH WIRE
HORSES
HOT DOGS
HUMAN CANNONBALL
ILLUSION
JUGGLING
KNIFE THROWING
LAUGHTER
LION TAMER
LIONS
MAGIC
MONKEYS
P.T. BARNUM
PEANUTS
PERFORMER
PLATE SPINNING
RINGLING BROS.
RINGMASTER
RINGS
SLAPSTICK
STRONGMAN
SWORD SWALLOWING
TENT
TIGHTROPE
TOYS
TRAINER
TRAPEZE

Solution on page 113

Fireworks

B E V C T N E M N I A T R E T N E J T S
M P R U Y P D I S P L A Y T X C Z M N M
T Z V T M R Y R O L T C L S I H I A E O
R H R H C O N P V R I A N V O S K S V K
J A G G H C A W O T V O E S J E B P E E
P N M I I K M M E I I D R L S L O A O K
S V N L N E I H T T C O D A L D E R N Q
U V W L E T T S A I L I F C F N L K V G
M W Q E S S E R N O S S Z I T A A L X O
M Z E G E F B H C N Z R R M X C N E R F
E Q Y A D E C N E D N E P E D N I R X A
R R H L L E R Y N O W K J H U A F S O A
E Z W E T A L U I O C C U C O M D K J P
D B C O E A O S R H S A L F L O N Y O B
W Y R Y N S E K I W N R Y H I R A R M O
O Y W D J S S Q B U P C F Y Z J R O Z K
P E V Z U S W S U O R E G N A D G C Z S
N P P F H U O C H E R R Y B O M B K F K
U W E O Z E H R S E V I S O L P X E X F
G L W B G T S K C Z P F B R I G H T Q I

AESTHETIC
BANG
BRIGHT
CELEBRATIONS
CHEMICALS
CHERRY BOMB
CHINESE
COLORS
DANGEROUS
DISNEYLAND
DISPLAY
DYNAMITE
ENTERTAINMENT
EVENT
EXPLOSIVES
FESTIVAL
FIRECRACKERS
FIREWORKS SHOW
FLASH
FUSE
GRAND FINALE
GUNPOWDER
ILLEGAL
INDEPENDENCE DAY
JULY
LIGHT
LOUD
MORTAR
NEW YEAR
NIGHT
NOISE
PARTY
POP
PYROTECHNIC DEVICE
ROCKETS
ROMAN CANDLES
SHOWS
SKYROCKET
SMOKE
SNAKES
SOUND
SPARKLERS
SUMMER

Solution on page 114

Sesame Street

H J B E U Q O B B W W C H I L D R E N R
A R I T H M E T I C O O O S P Y P D P V
G L E T T E R S G W N H O B M S U U U Z
N O I T A M I N A K I D S Q U L B C P I
I U M N S G N I D A E R C G S L L A P R
N G W U G N I H C A E T A E I P I T E O
R W W O P Z O C H L D P R C C Z C I T V
A R Z C S P O M O D U R T N S Z B O S S
E L X E O U E O E E C E H E D O R N T K
L A L H N K H T L I L P E I R Y O A L F
H M B T G C K F S E K O G C A H A L U T
O S I B S V F N V K B O R S W D D N D Q
T N I E Y U V I G E I H O K A B C U A R
G S R N N C S X D R G R U C Y A A M W N
F P C S G I A L R M B M C C M B S B R D
F A I O O I T D D I I Q H R M Y T E E G
B N T N E M N I A T R E T N E B I R V Z
E I N R E H S G D B D J I M H E N S O N
R S F N J A L P H A B E T M S A G E R T
T H U B G K S L F L X Y M M A R I A G A

ABBY CADABBY
ADULTS
ALPHABET
ANIMATION
ARITHMETIC
BABY BEAR
BERT
BIG BIRD
CHILDREN
COOKIE MONSTER
COUNTING
EDUCATIONAL
ELMO
EMMY AWARDS
ENTERTAINMENT
ERNIE
FUN
GROVER
JIM HENSON
KERMIT
KIDS
LEARNING
LETTERS
MARIA
MR. HOOPER
MUPPETS
MUSIC
NUMBERS
OSCAR THE GROUCH
PBS
PRESCHOOLERS
PUBLIC BROADCASTING
PUBLIC TELEVISION
PUPPETS
READING
SCIENCE
SHOW
SINGING
SNUFFLEUPAGUS
SONGS
SPANISH
TEACHING
THE COUNT
ZOE

Solution on page 114

Human Longevity

B H W D I B Y L H Y H X S C I T E N E G
O Y H W V S Y T I L A T R O M W E M X S
W N X D O S L G W Q N L N L O G D H I R
X O R L K A E X P E C T A N C I E S E T
Q W C E E N A J D Y Y T I V E R B O R E
M B I H D G Z I Y C N L K S H T Y M G X
Z Y S E I O C Y I E E P J R V O E A I T
G H R N N C M A M N H O K O M N R I R E
R U G U A N V N G T B C P T L E T B D N
W N L M P S O T K E D W R C V D Z O F D
E M O M S R H L H N O I T A L U P O P N
U Y K I I N A A J A S Y S F E A L S P I
T S F V T O V D I R C E E E P S I T A N
Y T N Y H I H Q V I I U S N A Y E M I A
T E Z U O T R L Y A E J I A E S C R S I
B R X R U A U T I N N M C A E I E Z I M
H Y S O E R N B U F C C R Q B R G N O L
Z N Y T I U N N A N E S E D Z F C Y D D
W S A S T D D C B N X Y X S K Q M N H J
C U F X B O I M P R O V E D B I O I I Z

ACCIDENTS
ADVANCES
AGING
ANNUITY
AVERAGE
BEHAVIORS
BOOST
BREVITY
CENTENARIAN
CLAIMS
DIET
DISEASE
DURATION
ENVIRONMENTAL
EXERCISE
EXPECTANCIES
EXTEND
FACTORS
GENDER
GENETICS
HEALTH
HYGIENE
IMMUNE
IMPROVED
INCREASE
LENGTH
LIFE
LONG
MODERN
MORTALITY
MYSTERY
MYTHS
NUTRITION
OLD
POPULATION
RESEARCH
SCIENCE
SPAN
TIME
YEARS
YOUTH

Solution on page 114

Happy New Year!

AULD LANG SYNE
BALL
BEGINNING
BOW TIE
CALENDAR
CELEBRATION
CHAMPAGNE
CHEER
CONCERTS
CONFETTI
COUNTDOWN
DANCING
DERBY
DICK CLARK
ENDING
EVENING GOWN
FATHER TIME
FESTIVE
FIREWORKS
FIRST DAY
FUN
GAMES
GUY LOMBARDO
HAPPY
HOLIDAYS
HORN
JANUARY
MIDNIGHT
NEW YEAR'S RESOLUTION
NOISEMAKER
PARADES
PARTY
REMEMBRANCE
RESOLUTIONS
SHOUT
STREAMERS
TIMES SQUARE
TOP HAT
TUXEDO
WEDDING
YELL

A J S Y O D D R A D N E L A C H E E R N
T R Z T U C F A T H E R T I M E O T R M
O P A R A D E S X C W H D O A E T C I M
M L L A B I E L O R Y A H T U X E D O B
S X M P T M O D E K E P T E Z T N N E O
W L P W A M D I V B A P N E H I W G N M
E T O G S A R C E A R Y E Y G O I T G A
D B E R N F A K N U S A B H D N I A A N
D F V C S I B C I G R R T T N M Q H P J
I L I S Y R M L N J E X N I E E R P M R
N N T O A S O A G D S U N S O C R O A N
G F S M D T L R G O O G S T I N Q T H G
N I E D I D Y K O C L Q T R D A V U C L
I R F L L A U O W K U H R E B R G O O E
D E M U O Y G P N A T O E A S B E H N T
N W A S H X D E R U I R C M K M N S F Y
E O R E K A M E S I O N N E L E H O E V
Z R E S O L U T I O N S O R P M E L T H
Y K S P H Z K O H U K S C S J E L J T P
G S C D D Q F R F A J A N U A R Y G I D

Solution on page 114

Philosophize

M J L M S I L A E D I E M A R X I S M K
S Y M S I H C R A N A N C I E N T L G U
I T S I C I G O L M P R A G M A T I S M
M S I L I H I N N M V A C T I V I S M S
I T C A Z J M S I F I C A P M I D A S I
T O I B E L I E F S U B M S I O A T I L
P I R O N O B U M S I C I T A N A F C A
O C I L F R E E W I L L I F P M K G I R
D I P G P J M S I N A I R A T I L I T U
E S M C L I B E R T A R I A N I S M S T
I M E S R I L J N C H R I S T I A N O A
S S E X I S T E N T I A L I S M S I N N
M I H A J L M D E T E R M I N I S M G B
S E I Y O A A H B M S I L A N O I T A R
I H N J D M S I T U L O S B A M G O D L
L T D N K A P S R E L A T I V I S M V E
A A U E A E S T H E T I C S N A C C I W
E F E P E M S I C I T P E K S C I H T E
R R Y A M S I U R T L A R E L I G I O N
G S O B J E C T I V I S M S I N O D E H

ABSOLUTISM
ACTIVISM
AESTHETICS
AGNOSTICISM
ALTRUISM
ANARCHISM
ANCIENT
ATHEISM
BELIEF
CHRISTIAN
CONFUCIANISM
DEISM
DETERMINISM
DOGMA
EMPIRICISM
ETHICS
EXISTENTIALISM
FANATICISM
FREE WILL
FUNDAMENTALISM
GLOBALISM
GREEK
HEDONISM
HINDU
IDEALISM
LIBERTARIANISM
LOGIC
MARXISM
MATERIALISM
NATURALISM
NIHILISM
OBJECTIVISM
OPTIMISM
PACIFISM
PRAGMATISM
RATIONALISM
REALISM
RELATIVISM
RELIGION
SKEPTICISM
STOICISM
TAOISM
UTILITARIANISM
WICCAN
ZEN

Solution on page 114

Santa Claus

H N C R L N E U N W O R K S H O P W V N
E O X O A B V B E X N E L E T T E R S W
M F H W O H W Z B C N E A Z H X C X Z P
Y S T O C K I N G S I D P G A M A N F Y
T E A N H T I S I V A N Y A D I L O H W
H F N M I O T E F L Y I N G Q V P I F C
G O L M T S R S S H Y E D C D K E T A E
U C H R I S T M A S T R E E P S R A A U
A T R L N H I C E L G N I R K S I R K H
N W S O B N C R H Q O X H S A G F B Y Y
S I W E Y O T A H I V H Z F H O B E L W
M N L M H R R Q G C L H C R U D O L P H
B T W H I T E B E A R D G I D W O E Z N
V E M Y R H B F C V G E R I N J T C W K
J R A D F P M L X L O M H E E T S K C E
B O L R U O E R E D S U I T N L N A P L
P W L G D L C G K M R S C L A U S I E V
U L S N S E E C N N K I D S T F I G A E
K C T P N N D Q U O P R P R E S E N T S
D A J C D W V T O Y S Z H E P Q T H W H

BEARDED
BELT
BOOTS
CELEBRATION
CHILDREN
CHIMNEY
CHRISTMAS TREE
COAL
COOKIES
DECEMBER
ELVES
FATHER CHRISTMAS
FIREPLACE
FLYING
GIFTS
HAT
HO HO HO
HOLIDAY
JOLLY
KIDS
KRIS KRINGLE
LAP
LEGEND
LETTERS
LISTS
MALLS
MRS. CLAUS
NAUGHTY
NICE
NORTH POLE
PRESENTS
RED SUIT
REINDEER
RUDOLPH
SACK
SAINT NICHOLAS
SLEIGH
SNOW
SONG
STOCKINGS
TOYS
VISIT
WHITE BEARD
WINTER
WORKSHOP

Solution on page 114

Summer Wardrobe

O Q A T H O N G S Q H M D N A J W I O O
E E I B R I D D I L R H P V E R V G S E
J G U I U I R O M P E R O A G N K H C B
J W I B H W K T L L R E N H D Y I Y T J
H Q S O Y W B S S I U S P O P R S L S L
N A L P U J P M E F G Y P W T S C K S B
O A R H U F R H L S F H L O E Q C Z R Z
M I J P T L Z N S K O R T L L A A Q E U
E N T Y H S L I Q E D N E W L F R Y F V
V P V O S O S O H V M V O S E J P J A K
T Q N E A K I S V Y E Q I T S I T I O W
I L R P N K N E T E K C A J T H G I L W
U D Q U D E I S L W R A P J N O L H Y F
S G R O A N K S S B A N D E A U C M T V
M T A K L S I A E H A K S P P J R L U I
I H E G S S B L V U O U E N A A O L N I
W R H N U C M G G N O R A S G K S E I X
S Z Z T C R N N O L O P T S O N I H C S
Q M K A E A H U B F L P S S Y A V S U Y
L G O D E E P S T H A X T N N T A H M K

BANDEAU
BIKINI
BLOUSE
CAP
CHINOS
COTTON
DRESS
FLIP FLOPS
HAT
JEANS
LIGHT JACKET
LIGHTWEIGHT
LINEN
LOAFERS
MESH
POLO
PULLOVER
ROMPER
SANDALS
SARONG
SHELL
SHIRT
SHORTS
SHRUG
SKIRT
SKORT
SLACKS
SLEEPWEAR
SLEEVELESS
SNEAKERS
SPEEDO
SUNGLASSES
SWIMSUIT
TANK
TEE
THONGS
TRUNKS
TUNIC
VISOR
WRAP
YOGA PANTS

Solution on page 115

Magic Fairyland

M Y F B K U F F H D T D P W I Z A R D N
K A R G M Q V E W D Q F H S A R X S E E
O T G I W T L A E R E H T E V R G N N R
M I L I A A R T E W A U M A U S L G J W
E N O M C F N F M E R M A I D E N O V G
U K D S S A J D A I E R G O G I E D C L
X E F V H U L Y E B G H Z T T N V M N K
M R M C I S S T R O L L S F D W E O D D
X B N Q P Z R A P S C E I N D O R T S R
C E G E D P O A G H K H I P A R L H P A
I L L J K R D F A E S A N Z F B A E I G
T L A R U T A N R E P U S W L C N R R O
S N I L B O G E P O A Q G W Y Q D E I N
T H F B E E W A B H G I F C D N M O T K
N N Z B L I H L C E A K L T E L N S I Q
J J X I F S J E Y N U O I G I C E H W V
S E N N A P R E T E P L E N G B K A I J
Q G G U D P F R O S S L B K G E B D T X
U I F R E M N R S F A K S D X W B O C D
A X R L T M W R O Z U X I I O R J W H A

BANSHEE
BLUEBEARD
BROWNIES
CHANGELING
CYCLOPS
DRAGON
DWARF
ELF
ENCHANTED
ETHEREAL
FABLE
FAIRY
FLY
FROG KING
GIANT
GOBLIN
GODMOTHER
GREMLIN
HOBBIT
LEGEND
LEPRECHAUN
MAGICAL
MERMAID
NEVERLAND
OGRE
PEGASUS
PETER PAN
SHADOW
SHAPESHIFTING
SPELLS
SPIRIT
SUPERNATURAL
TINKER BELL
TROLLS
WAND
WARLOCK
WITCH
WIZARD

Solution on page 115

Funnies

U P Z S N U M U I D E M C I H P A R G Y
S M S G N I W A R D Q R G N I D A E R F
E P J N M O N L I N E L S N O O T R A C
I G L A H C O M I C B O O K S H H M P O
R F G S H K O L J N S E R U T C I P H M
E E M R N Q S U L M K P A N E L R B I E
S S A E A Y J U N A M I I U Y I N E C D
H E G T R R R L P T B X F C N E R C N Y
O G A C R U E N A E E T I T W U H O O R
B A Z A A B W D V Y R R V S T U I L V X
B P I R T S C I M O C H P N M T N L E A
E Y N A I E F D E U C A E O A G P E L L
S N E H V N M U S S P V R R I T S C S K
T N S C E O G K T E D O T S O N F T U B
O U S D L O I S R A U S E W B E T I P B
R F T F L D I S R S U D W O R D S O E B
I O R A S T C H I L D R E N I N H N R O
E D I S R A F O L F A N T A S Y A S M R
S D P A S N O I T N E V N O C A G N A M
O X S A V E P B A C Z R Y C A L V I N Q

ADVENTURE
ARTISTS
BALLOONS
CALVIN
CARTOONS
CHARACTERS
CHILDREN
COLLECTIONS
COMEDY
COMIC BOOKS
COMIC STRIP
CONVENTIONS
COUNTERPOINT
DESIGN
DIALOGUE
DOONESBURY
DRAWINGS
FAMILY CIRCUS
FANTASY
FAR SIDE
FUNNY PAGES
GRAPHIC MEDIUM
GRAPHIC NOVELS
HOBBES
HUMOROUS
ILLUSTRATION
IMAGES
INK
KIDS
MAGAZINES
MANGA
NARRATIVE
NEWSPAPERS
OLD
ONLINE
PANEL
PICTURES
PRINT
READING
SERIES
STORIES
STRIPS
SUPERHEROES
SUPERMAN
WORDS

Solution on page 115

Going Shopping

S E M L A N O S A E S A Y C J N B B A D
O K T S A S A O R H S P E C I A L S N J
C P O H Z D E L O I S T S Z B F Z U O A
I R Y O U Q V E G N A E E Y E E F F O C
A I S P B W S E I P C T S B S E E A C Q
L C T P S T N A R U A T S E R B R I R Q
I E O E O F T E R T O H M P Y S A N O T
Z E R R R N S I P R I A N P R P P C W T
E P E S U E T E E S G S I R O O M E D J
X Z H O N Y M P R O W C E O T R O N S N
C I F T A U R E E S E L S M C T C T A G
H J S O F E M D R E S E R E E I U I H N
A Y X R T U I S Y C A A E N R N S V B I
N U E Z S V H E A N H R G A I G T E A K
G P E N A I G I E A C A A D D G O S R L
E L O T O J F K N I R N N E T O M R G A
S C I T E M S O C L U C E D I O E O A W
D F F A S H I O N P P E E O I D R O I S
T U O G N A H C L P D S T D W S S D N R
D J E N A M S E L A S T R O L L E R S K

ADVERTISEMENTS
APPLIANCES
BABY STORE
BARGAINS
BOOKS
CLEARANCES
COFFEE
COMPARE
CONSUMERS
COOKIES
COSMETICS
CROWDS
CUSTOMERS
DIRECTORY
DOORS
EXCHANGES
FASHION
FOUNTAINS
HANGOUT
INCENTIVES
MERCHANDISE
MONEY
PERFUME
PRESENTS
PRETZELS
PRICE
PROMENADE
PURCHASE
REFUND
RESTAURANTS
SALESMAN
SEASONAL
SECURITY
SHOE STORE
SHOPPERS
SOCIALIZE
SPECIALS
SPORTING GOODS
STAIRS
STROLLERS
TEENAGERS
TOY STORE
TRAFFIC
VIDEO GAMES
WALKING

Solution on page 115

Lighthouses

H I P T I T I N G F S T G K Q E E A K F
G K H L R Y T E F A S P M A L R N J K R
L E V E J O G A D E D A R K N E S S O E
W D L U W W B W L I N O Z I R O H T N P
S A A E A L A R M L S J O N T I A I A E
Y W R V J G D E R Q D A O C P T L H M E
S S E N D A S F F I L C E W E E J W H K
R S S P I R A L S T A I R S R A R U C K
W N M H S N K E A E J E E O H E N C T C
A E R I T K G C B O C W H N C G W G A M
F Y O R A T G T T K H S T K I B U P W L
C R T G N F X O S C J S A G Z L T O L C
R O S H C E U R S I W G E M H A Z A R D
A B B L E R M S T R E K W R I A I H C G
S R O L I A S L A C I R D N I L Y C Q P
H A P S E D M N O U C O A S T L I N E Y
X H T M Z D A P B L E Q B J V H O J Z A
J S V N G N I N N A C S K C O R G O F F
U E V W W L N U K R E G N A D L V I J L
X S Q I C R E W G Z J H O N U N J P N U

ALARM
ALERT
BAD WEATHER
BEACON
BOATS
CAPTAIN
CIRCULAR
CLIFF
COASTLINE
CRASH
CREW
CYLINDRICAL
DANGER
DARKNESS
DISTANCE
FOG
GUIDE
HARBOR
HAZARD
HORIZON
KEEPER
LAMPS
MAINE
NIGHT
OCEAN
REFLECTORS
ROCKS
ROTATE
ROUGH SEAS
SAFETY
SAILORS
SCANNING
SEASIDE
SHIPWRECKS
SHOALS
SHORELINE
SPIRAL STAIRS
STORMS
TALL
TOURISTS
TOWERS
WARNING
WATCHMAN
WAVES
WRECKAGE

Solution on page 115

Hopeful

M J R Y K G P P A U T N E D I F N O C R
V X T Z E E W L N O I T C I V N O C P M
D C G S D A C H E Y N Z N C S B R B O J
G M E O R A R N S G H E A R T F E L T L
R Z J M A E C N A I L E R A R I M S E T
X U E E W G E I Z H W D E V I K M Z N E
Y G I D E A L L Y G C Q V E V H I E T H
R X Z A R R I S G B M E E J E T L F I N
X Y O Y A U E N E L B I S S O P G N A G
P Z A D O O A L T M F L R D P F E N L S
K K Y R B C I R A E N O E S E V O W F R
Y L R Z P E M Y R M N L P S I S E K E A
M C Q Q F E B Q T O I D I T S R I J G W
G C E D D E R C S G V B I I I I I R D T
C D I T D R E H H S W S B P S M N B E F
Y O D N S P E T A G O E S R A B I G L P
D N V Y X U O A Y P V A P G M P D S P G
Q S X E P P R O M I S E I O O R E B M T
E P N V N G W T A A S N F A H Q V A E U
B C I P O A O M E Q E S U L U C K Z L V

AIM
ASPIRE
BELIEF
BLESSING
CHANCE
CONFIDENT
CONVICTION
COURAGE
CRAVE
DELIGHT
DESIRE
DREAM
EXPECT
GLIMMER
GOAL
HEARTFELT
HOPE
IDEALLY
IMAGINE
INTEND
LUCK
MAYBE
OPTIMISM
PERHAPS
PERSEVERANCE
PLEDGE
POSITIVE
POSSIBLE
POTENTIAL
PRAY
PROMISE
RELIANCE
REWARD
SOMEDAY
STRATEGY
STRIVE
TRUST
VOW
WISH
YEARN

Solution on page 115

Chanting

N X T J U B M M C I N B C C W G P X P E
C C B A N T R A D I T I O N S I M P L E
G V C C A P U O R G R E G O R I A N V N
X R J H C C R E C I T A T I O N S E H O
F R A U C T I O N C H A N T H R O A T T
A S D R O W Q S J O S F G A L L I C A N
S G Q C M V M A P C I U O L A C I S U M
L U Q H P L R G O O M T B L M G B O U X
B X W R A T V M N O R T A I S Z E X B K
B W O S N B P Q N O I T A T I D E M Y A
H K P A I L R O N G S I S N N N X S Z D
Z T M Q E M P X O T P N J A E A E O A A
W K Z X D H G N I S B I I C V M C U N R
S F P R O T E S T E R S T A V O N N T T
E C B N A N G L I C A N Y C L R A D I H
T S I H D D U B T E X T S D H P N S N Q
O C B D N O F F E R T O R Y O E O G E M
N N L U E I T Y P E R S O N A L S T U S
T P E G I V C T E P R A C T I C E T I R
P C I M H T Y H R E C I T I N G R M O C

ANGLICAN
AUCTION CHANT
BIBLE
BUDDHIST
BYZANTINE
CANTILLATION
CHURCH
COMPLEX
GALLICAN
GREGORIAN
GROUP
INCANTATION
MANTRA
MEDITATION
MELODY
MONOPHONIC
MUSICAL
NOTES
OFFERTORY
PERSONAL
PITCHES
PLAINSONG
PRACTICE
PROTESTERS
PSALMS
RECITATIONS
RECITING
REPETITION
RESONANCE
RHYTHMIC
RITE
ROMAN
SIMPLE
SING
SOUNDS
SPORTS
TEXTS
THROAT
TONE
TRADITIONS
UNACCOMPANIED
VEDIC
WORDS

Solution on page 116

Fun Hobbies

V C N U N Y A L R J V N D D N I Y A B C
G K W S Y O J N E F N T O S X Z H H G T
F A A E S H Z F T L S E L Z Z U P A V T
R P V F E J P B W A H E L Q E D A N C E
M U B F P I I A I E D V S N L U R R V E
S O Y V H J D L R O C Y T W T K G Y C G
Y L D R U H I S M G O I E T T N I L N J
E Z O Z E N V E N S O S H Y I J L I R O
L B K J G T G I P A K T C K H K L E N I
J Y A H R A T V G U W S O O W C A S K L
X C T A C N S O B J Y O R H Y D C T D O
E Y H I U P Y M P O B M C C P I L F R D
O O E H M G G V T P L U C S M C W A R D
Y M A A D N S G A M E S P O K U T R H T
Q A T N I I X R B O U O C C E E S C N C
I S E F N H C A F Z R W Y L O V T I Q O
Q P R G V S K O A T U S X C I I A C C W
L U F D E I G N S X J S G U T P N E H C
S H Z R N F E F I H B F P S L O Q S W U
X G D G V G Z P T T A P L A R B K T U L

ART
BAKING
CALLIGRAPHY
COINS
COMICS
COOK
CRAFTS
CROCHET
CYCLING
DANCE
DOLLS
DRAW
ENJOY
FISHING
GAMES
HUNTING
KNIT
MODELS
MOVIES
MUSIC
PAINT
PHOTOGRAPHY
POTTERY
PUZZLES
READ
SAILING
SCRAPBOOKING
SCULPT
SEW
SING
SKETCH
SPORTS
STAMPS
STITCH
SURFING
THEATER
TOYS
WEAVE
WHITTLE
YOGA

Solution on page 116

Costume Party

F H I P H P H C T I W K M U M M Y A A U
H S P I D E R M A N A M E R I F R F J O
V P S N W A L L I R O G E R A L I E N N
A U O I M U G W S S E C N I R P A E I K
O J U L Z D U E T T O B O R E J F H N N
P U T B I U B R S K E L E T O N S S X M
U S H O N C Z E O L E G N A Y S X N W S
M O E G C D E W H T U A N O R T S A O N
P E R S R I B O G A M U B Z D K E B R U
K L N Y E E U L F T O W V A D X T R C R
I V B E D G M F A F O G A R G O Y L E S
N I E S I I B B K C I D C V A M P I R E
A G L H B C L C N O C C H B Y Y D Z A T
M Y L T L I E A R E P A E R M I R G C D
G K E O E N B V K Y N A M R O L I A S S
N A W M H R E I D L O S L Z O M B I E I
A N J S U P E R M A N L H K C O L R A W
H E A D L E S S H O R S E M A N I S Y S
Y N M W K S N Y J H L C A V E M A N R H
S S V I W G W Z G I J V T L W U J Z F Q

ALIEN
ANGEL
ASTRONAUT
BANSHEE
BATMAN
BUMBLE BEE
CARE BEAR
CAVEMAN
CLOWN
FAIRY
FIREMAN
GARGOYLE
GHOSTS
GOBLIN
GORILLA
GRIM REAPER
HANGMAN
HEADLESS HORSEMAN
INCREDIBLE HULK
JAILBIRD
MOTHS
MUMMY
NINJA
NURSE
POLICE OFFICER
PRINCESS
PUMPKIN
ROBOT
SAILOR MAN
SCARECROW
SKELETON
SOLDIER
SOUTHERN BELLE
SPIDERMAN
SUPERMAN
URBAN COWBOY
VAMPIRE
WARLOCK
WEREWOLF
WITCH
ZOMBIE

Solution on page 116

SpongeBob SquarePants

L O O H C S C I E N C E M O T I O N J K
S N O O T R A C I Z P I N E A P P L E O
H E P I S O D E S B A R K R M W A T L O
E X L P O P U L A R L I A N S G K N L C
L N I C K T O O N S N E T W O R K E Y Y
D O K R A B B Y P A T T Y N N U F L F R
O Y I R E T C A R A H C R A B S V A I F
N P G R U B N E L L I H N E H P E T S S
P A N I M A T E D C O M E D Y P P A H L
L T E K E Z K I T C H E N S P O N G E U
A R X I D O N O E D O L E K C I N Y C N
N I P D T E K K A B R E G A F L L I B D
K C E S I H C N A R F A I D E M E I T E
T K R U S T Y K R A B A W E I V O M O R
O S I A X I S K E E H C Y D N A S Z M W
N T E I M O T T O B I N I K I B M X K A
L A N O I T C I F O C H U M B U C K E T
L R C N O O G A L O O G A M E S Q D N E
W N E R D L I H C E G N O P S A E S N R
E H S I F R A T S E L B B U B G A R Y L

ANIMATED COMEDY
BIKINI BOTTOM
BILL FAGERBAKKE
BUBBLES
CARTOONS
CHARACTER
CHILDREN
CHUM BUCKET
CRABS
EMOTION
EPISODES
EXPERIENCE
FICTIONAL
FRY COOK
FUNNY
GAMES
GARY
GOO LAGOON
HAPPY
JELLYFISH
KIDS
KITCHEN SPONGE
KRABBY PATTY
KRUSTY KRAB
MEDIA FRANCHISE
MOVIE
MR. KRABS
NICKELODEON
NICKTOONS NETWORK
PATRICK STAR
PINEAPPLE
POPULAR
SANDY CHEEKS
SCHOOL
SCIENCE
SEA SPONGE
SHELDON PLANKTON
SNAIL
SQUIDWARD TENTACLES
STARFISH
STEPHEN HILLENBURG
TALENT
TIE
TOM KENNY
UNDERWATER

Solution on page 116

Chinese New Year

Y Y Q S C R P X M P G I A E R U T L U C
U O X L H O A N I H C I W D M A A J G T
G R Z U U V E E R B H S F A R N C S I P
O D N I N N P A Y E L P J T T I I B P K
R W M I Y S A U D R G R D E S M B M U R
I V A O U M R R H U A I R S N A K E E A
N N M N N D A Z C S B N T W R L D N F L
V X Z O Y K D X I A F G U V C S N A A I
A M O I R A E A T E L F W L H I L N M O
H F Z T Y E S Y S K Y E E D D O O C I N
N C I A N R D T C M I S N N R I R E L D
P Z U R S D I E Z K T T O D T A B S Y A
T B S B E V C O N P D I C I A A G T E N
S S U E A W D H Q V N V D H X R D O F C
J A O L I I O M X U E A F C E X L R N E
G G H E A L P R E W R L G B K N O S T H
J Y S C I X P R K T P E O P L E G L S O
I Q N D N O V S G S R E D P A D O O F G
W O A A O G S R E K C A R C E R I F D Z
M Y T H O L O G Y G O L O R T S A Y M H

ANCESTORS
ANIMALS
ASIA
ASTROLOGY
CELEBRATION
CHINA
CHUNYUN
CULTURE
DATES
DOG
DRAGON
FAMILY
FIRECRACKERS
FIREWORKS
FOOD
GIFTS
GOLD
HOLIDAY
HORSE
KITCHEN GOD
LANTERN FESTIVAL
LION DANCE
LUNAR CALENDAR
LUNAR YEAR
MONKEY
MYTHOLOGY
NEW
NIAN
PARADES
PEOPLE
PIG
RABBIT
RED ENVELOPES
REUNION DINNER
SHOU SUI
SNAKE
SPRING FESTIVAL
TIGER
TRADITIONAL
ZODIAC

Solution on page 116

Six Flags

F T U L Z W E S I X A S R A D Q K V A C
M M H U R R I C A N E H A R B O R P C O
W U V D U L U X I I Q Q O I B F O K B S
A F B J V G Y N E W J E R S E Y C F P O
T N E M N I A T R E T N E Y L I M A F Q
E O K Z S N O I T C A R T T A W I F K G
R I M R M L M S L E V L Z T Z N Q D H K
P S E O L A G R E A T A D V E N T U R E
A S O L S O G S T Z D V O A E E E A F T
R I Q L A A G I E C I A M C K M P S H Y
K M A E X I O F C I F R O I I T H E U E
H D S R E N S A L M L K P R N X M Q C N
Q A H C T R T I S U O I B E L E E N X O
C S V O R O E G H C M U M M P I A M X M
U O W A E F K R O Y W E N A B R A R M Q
G E S S V I C O W Y S L R T F U N R K V
R U S T O L I E S U B K O A A V T C K G
G A M E S A T G M I S O S E D I R Z U C
V O B R O C P A C H I L D R E N N B N J
V W B S U R I B N E W E N G L A N D C Z

ADMISSION
AMUSEMENT PARK
ATTRACTIONS
CALIFORNIA
CHILDREN
COST
FAMILIES
FAMILY ENTERTAINMENT
FOOD
FRANCE
FUN
GAMES
GEORGIA
GREAT ADVENTURE
GREAT AMERICA
HURRICANE HARBOR
LOG FLUME
MAGIC MOUNTAIN
MEXICO
MONEY
NEW ENGLAND
NEW JERSEY
NEW YORK
OBSERVATION TOWER
OVER TEXAS
PRIZES
RAILROAD
RIDES
ROLLER COASTERS
SHOWS
SPAIN
THEME PARKS
TICKETS
WATER PARK

Solution on page 116

Artistry

C A L D E R E P P O H W V M A V K T U H
O L C E E H E X H I B I T R A W Z R S H
D O H A O X J V V M R E L T S I H W O H
F H Z A N M P E O Q G F R O N T I E R G
O R Z U O V Z R V L N C U B R G N T T R
L A N D S C A P E R U T C E T I H C R A
K W E U T N B S E S H T A N E L B O Q N
F R W B E Y E T M W S L I T L B H D P S
N K Y O M C S G E L I I S O Y E U H W E
P Y O N S E N S M S R N O N N R O O T L
D R R F W I T A M G E H R N O T H S O A
Z E K O T U T I S T C W P C O S I S K D
M B R N T E T H H S Y A K G Y T C V H A
N K I U R S O C T E I W R R R U S I T M
E A L I T W I Y T N E A O A L A O S O S
P P A R I L L H T L P M N P Y R D U R C
V L F N Q E U E L H R G T E S T P A O P
S V G C H S R C Y A Z U Q Y R E L L A G
Q F C G B S J T C A R T S B A P O P V Z
U K X T I Z T C R E A T I V E R J C Q A

ABSTRACT
ANSEL ADAMS
ARCHITECTURE
ARMORY SHOW
ARTIST
AUDUBON
BENTON
CALDER
CANVAS
COLOR
CREATIVE
CULTURE
EXHIBIT
EXPRESSION
FOLK
FRONTIER
GALLERY
GILBERT STUART
HISTORY
HOPPER
LANDSCAPE
LICHTENSTEIN
MATERIALS
MODERN
NEW YORK
PAINTERS
PAINTING
PHOTOGRAPHY
POP
REALISM
RENAISSANCE
REVOLUTION
ROCKWELL
ROTHKO
SCHOOL
SCULPTURE
SHOWING
SOUTHWEST
STYLE
VISUAL
WARHOL
WESTERN
WHISTLER
WYETH

Solution on page 117

Toys

M D R Z I T R A I N S K C O L B Q V C C
H Y T T U P Y L L I S D X E U I Z D R Y
G G D N N E X E R C I S E I R E T T A B
V I D E O G A M E H A C L V S K M L E A
H R R M L S A A P F Q D D T E I C V B B
L L D N E K Q T E S I R U E N L I O Y J
O A N I A R S T N N G F T J W T O D D N
I N C A R X Y E G A F O W Z C O W P D E
B O G T N S F L L E S W L A T S O S E I
L I N R I U Y Z D B B Y R N T W E D T N
W T I E N O B A R B I E D O L L S S E J
J A H T G G N M D C T T R A Z O E X U N
N C T N E I N F H N H Y C Z D M C M L E
T U Y E M L T I I H S I U E A J P N C R
R D A A M N C J Y G N P L G L R X R I D
E E L P E L A I C A U A D D O L N L T L
T S P S P C I M H O L R H P H T O Y S I
V F E J K H U C W E A P E Q O O K C A H
F R I S B E E S G O V Q J S N B O J L C
P Q C G G M J O B A L L S T E P N D P A

ACTION FIGURES
BABY
BALLS
BARBIE DOLLS
BATTERIES
BLOCKS
BOARD GAMES
BUILDING
CHILDHOOD
CHILDREN
CLAY
COLLECTIBLES
DEVELOP
EDUCATIONAL
ENTERTAINMENT
EXERCISE
FRISBEE
FUN
GIFT
GIRL
INTERACTIVE
JACKS
JUMP ROPE
LEARNING
LEGO
LINCOLN LOGS
MATTEL
MECHANICAL
PETS
PLASTIC
PLAYING
PLAYTHING
PRESENT
PUZZLES
SAFETY
SANTA
SILLY PUTTY
STORY
STUFFED ANIMALS
TEDDY BEAR
TOYS
TRAINS
VEHICLE
VIDEO GAME
WOODEN

Solution on page 117

Ice Cream

F T S E J F R M Q Z K S N U S S A W K Q
F S D N W S T R A W B E R R Y T C S R H
L Q K O A S O F T S E R V E H R O T W D
R E A C N C B R A I N F R E E Z E R S U
U F M R U I K T R E A T P A P B B E E G
J R O A U R C H U R N S M W R A I J Y F
H O N G R N T M K V D Y Y E S R L C M S
C Z L U H A W M A N J P H K R B B W H O
E E F S E T C N A E E S I E P A R L O R
H N R U T I I S Z E R N H W K N F Q P B
C D O N S L M H R F R C O E Q A D I J E
O E Z D L O T J U O Y C D O B N E S I T
J S E A X P Q D B M V A E E P A L M U B
J S N Y U A G B D A L A G C P S I O A P
P E Y J X E I T S A K L L H I P C O U E
F R O Z E N C U S T A R D F C L I T D N
Y T G Z S O M K U E I R L U A I O H U K
M Z U W H M A B S G N I P P O T U T W F
V A R V E N D O R S C O O P W H S I D H
Z D T R S F E O S K O S C A K E P O L W

BAKED ALASKA
BANANA SPLIT
BASKIN ROBBINS
BEN AND JERRY
BOWL
BRAIN FREEZE
CAKE
CARAMEL
CHERRIES
CHURN
CONES
CREAMY
CUP
DELICIOUS
DISH
FLAVORS
FREEZER
FROZEN CUSTARD
FROZEN DESSERT
FROZEN YOGURT
FUDGE
ICE CREAM TRUCK
LICK
NEAPOLITAN
NUTS
PARLOR
PIE
SCOOP
SHERBET
SMOOTH
SNACK
SOFT SERVE
SORBET
SPOON
STORE
STRAWBERRY
SUGAR CONE
SUMMER
SUNDAY
TOPPINGS
TREAT
TUB
VANILLA
VENDOR
WHIPPED CREAM

Solution on page 117

Abracadabra

M U Z S M S P K N V L K X G Y S O P H L
B F C E V R I V X X H P L I F Q S V A F
Q D M U H D N Y W L A H F P E E G H G Y
N R T E R L Z Y F I T S Y M P X J P R W
I T P R E S T O R I N G S A U W Q P A I
B I J E G O O T S K U W C I T H E N B F
A V M L T L X O L T O S O P S I D R O J
B S R T E R C E S R E D A N C T I R O M
H B T D S D G C D D I S A P P E A R I L
G Z A O S R L K V L S I U L H R G N L B
H J X H P T A D L Y C R A B B I T A T B
S F O O E C S U I I A I R A R H B K T B
B W F U R W S O G T R S D Q A W C A S S
E I L D F I S A S G F A E S I I O N I L
V Q T I O B M W Q P C L K P R Z N X W M
E M X N R A S N I A H C O T O A J V T U
E X A I M X S O R F O F D W A R U D A R
L T X K C A L B V L T R A O E D R Q H Q
S U P E R N A T U R A L D K P R E Q I U
T H L B D J E N F C T M O N E Y S A I K

ABRACADABRA
AIDE
ASSISTANT
BALL
BIRD
BLACK
CARD TRICK
CHAINS
CONJURE
DISAPPEAR
ESCAPE
FAKE
FLOWERS
FOOLED
GLASS
HAT
HOUDINI
ILLUSION
LOCKS
MAGICIAN
MONEY
MYSTIFY
PERFORM
PRESTO
RABBIT
RINGS
ROPES
SCARF
SECRET
SHOW
SLEEVE
STAGE
STOOGE
STUPEFY
SUPERNATURAL
SWIFT
SWORD
TWIST
WAND
WHITE
WIZARDRY

Solution on page 117

Bugs Bunny

H Y Y J E H Z G R A Y P Z A D N T O Z V
A E T C H U C K J O N E S Y C E Z F P R
K A O E S K I D S Q H E M L L S T K O C
E R C A E E D E Z L F E L E R S K M R A
I S O B N W M O S I L Z V E K C U A K R
G A D W U I T S C B V I H Q U H B F Y R
Q N Z K T C C T L X S T L D T B Y X P O
D I A E Y E I A U I O D Y H I J L O I T
U M S W E O N F O R N F D T Z E L J G S
S A V P N C R N B Z F T H U N T I N G Y
M T F A O W K R O A Y O T L F Z S O Q L
S I L T O S E I D O L E M E I R R E M V
D O V E L N H M Z E T T E X A V E R Y E
Z N X R R Z R E T C A R A H C N K M C S
G U I A D T A S M A N I A N D E V I L T
H O W H T Y I J S M A J E C A P S H N E
Y H G D M E N B W F M T R A M S X P C R
C H I L D R E N B P O P U L A R E P T A
J S G I O V E T U A P R M L E N N U T O
E L H W J I Q R H B W G C O M E D Y I G

ANIMATION
BUNNY
CARROTS
CARTOON NETWORK
CHARACTER
CHILDREN
CHUCK JONES
CLASSIC
COMEDY
DAFFY DUCK
DOC
EARS
ELMER FUDD
FICTIONAL
GRAY
HUMOR
HUNTING
KIDS
LOONEY TUNES
MEL BLANC
MERRIE MELODIES
POPULAR
PORKY PIG
RABBIT HOLE
SILLY
SLY
SMART
SPACE JAM
SYLVESTER
TASMANIAN DEVIL
TEETH
TELEVISION
TEX AVERY
TUNNEL
TWEETY
WABBIT
WARNER BROTHERS
WILD HARE
YOSEMITE SAM

Solution on page 117

Party Time

X W F L W O B R E P U S N O O L L A B S
E K A C V O L D W S N O I T P E C E R R
L I A T K C O C I G N I C N A D Q O E E
P O L I T I C A L N W O F A M I L Y C M
O Z T T F P K I S D N E I R F E T I R A
E T U E Y G P K S W Y E D T U R Y R E E
P S G N I T A E F U G X R D A E E T A R
H R T X C H R I S T M A S P I T Q N T T
D E X N O I T A R B E L E C A N I E I S
Z Z M I E H Y D P E N S B E E R G V O O
G I F T S M R G G Y I E T Q F I T E N C
Y T R A P G N I M R A W E S U O H Y X I
X E Q H S I E I P Y A D X W O G P P N A
X P M E K G X R A C T D H F O H H R A L
E P M N U E U O O T A M U T Z L Z I L I
U A I E R S B Q R I R N S A R H L V C Z
G R S N O I T A R O C E D S T I T A O I
D T N O S R E G A N E E T L E I B T H N
S P C O N V E R S A T I O N E P O E O G
K V N Y B K F B E V E R A G E S R N L V

ALCOHOL
APPETIZERS
BALLOONS
BEER
BEVERAGES
BIRTHDAY PARTY
BLOCK PARTY
CAKE
CANDLES
CELEBRATION
CHRISTMAS
COCKTAIL
CONVERSATION
DANCING
DECORATIONS
DINNER PARTY
DRINKING
EATING
ENTERTAINMENT
EVENT
FAMILY
FRIENDS
FUN
GAMES
GIFTS
GRADUATION
GUESTS
HALLOWEEN
HOST
HOUSEWARMING PARTY
INVITATIONS
KEG
MIXER
MUSIC
PEOPLE
POLITICAL
PRIVATE
RECEPTION
RECREATION
SOCIALIZING
STREAMERS
SUPER BOWL
SURPRISE PARTY
TEENAGERS
WEDDING

Solution on page 117

Beautiful

A V B P M M Y O Z P C A T W A L K C A U
C H K R A M Y T U A E B R B I C M Y L V
S G O T F F P R P U E K A M L L T L S O
C F F M G R E T L G C P M A D G G E E J
U N B L E M I S H E D G S Z T O Y V K X
L G Y T R V T I C U P S X F R E K O G U
P K T L A R N N E F E B R G E R U L L A
T Y A T I K A T T C Z A E M O S D N A H
E G I K S R T R N U N O U E C A R G M H
D N I W A K T I A I U J M Y F L E D O M
G N V E R K R G E S O M A A U C P C U C
G V P F T P A U G T F W C B I B A W R B
N P I A I S C I A N N A E L J D L K E K
A A I C S V T N P U I A I W O B E U E H
D V E E T M I G R X U M G R E R T N S D
C Z R L I B O R H T T R A E H I T Z K H
H D V R C G N L I P T B N E L D E W S H
Y N R O L L V F B C L O M E B E N L J T
P O S E D Y U S S E L T O P S M I L E P
R N G W A L Y B H T W A I A V F D Y D D

ADORABLE
ALLURE
APPEARANCE
ARTISTIC
ATTRACTION
BEAMING
BEAUTIFUL
BEAUTY MARK
BEEFCAKE
BLUSH
BRIDE
CAPTIVATING
CATWALK
CLASS
CLEAN
DRESS
ELEGANT
EYES
FACE
FAIR
FORM
GLAMOUR
GORGEOUS
GRACE
HANDSOME
HEARTTHROB
INTRIGUING
LOVELY
MAIDEN
MAKEUP
MIRROR
MODEL
PAGEANT
PALETTE
POSE
PRETTY
PRINCESS
PURE
RUNWAY
SCULPTED
SMART
SMILE
SPOTLESS
STRIKING
UNBLEMISHED

Solution on page 118

Music Show

R T K C E O I L M S F G V Q X G G U N X
W M H F P V E N U E R Y G R E N E E B S
X X L E L H I Q S F O O S F I I E M E H
Y E S R A O C L I R I C T K U C C S B O
H T C O Y T H I C H R V R C K N B R P W
M F Y C L R E H I E J A D B U A S E K H
X M T N I O E R A O P P J P N D R M V B
Q X M E S S R M N H B M H D R A N R O W
B I P L T K I Z S N O I S S E C N O C W
E D L R Z N N E N I L A N E R D A F C T
L R A U G V G A G H N M C O U N T R Y T
K A H H S R E K A E P S T O U R S E A T
D O U I N S T R U M E N T S U Q H P O Q
D B T T N E M E T I C X E Z J S Z K T Z
R Y N T O O J B A K I B Z U N L T V R L
U E I O N G Q U C J A A M P L I F I E R
M K G I F U R O T S J P J C D G S O C L
S Q C N J C L A S S I C A L Y H V L N S
V X W P I A N O P N T E K C I T E I O N
M B I U B S P X G H T W I T V S S N C H

ACOUSTICS
ACTS
ADRENALINE
AMPLIFIER
AUTOGRAPH
BAND
BASS
CHEERING
CLASSICAL
CONCERTO
CONCESSIONS
CONDUCTOR
COUNTRY
DANCING
DRUMS
ENCORE
ENERGY
EXCITEMENT
FUN
INSTRUMENTS
JAZZ
JUMPING
KEYBOARD
LIGHTS
LIVE
MUSICIANS
OPERA
ORCHESTRA
PARKING
PERFORMERS
PHILHARMONIC
PIANO
PLAYLIST
ROW
SCREAMING
SEAT
SHOW
SINGER
SOLO
SPEAKERS
THEATER
TICKET
TOUR
VENUE
VIOLIN

Solution on page 118

Day at the Zoo

C Z W T N Y M S P J N N C T S K C Y S S
S O E V R U N S E Z X Q Q R C V Y H E W
E O M Z E A H N O I T C E L L O C L C T
A L Q U T D I S S Y A P E N G U I N S M
L O H N A L P N B G E E G G X T S T E H
S G G G W E P R E E F O O D P E L N D I
E Y I N C T O S K R R H I E F C A O I J
K S E I I N P O G I S O R F S C M I R B
A G E K X T O Z L X I Q A R A S I T C Z
N S O L N Z T L A C T R A P T A N A O E
S H Z A A O A E R I I E T U M N A C K O
R O E W C S M I P G B I D S U D C U Z K
A W B R E A U U S R V Y L W I I I D W W
B S R Q U L S N A I R A N I R E T E V C
D Q A F T S O L T E M I R L A G O O H Y
Y H S F E I O Y G M K S G D U O X E C L
S R A E L P Q L A A R Z G L Q I E T X I
F I R N Q W G M C H A B I T A T S R D M
Q T C H I L D R E N P A N D A F R I C A
B E M O W N C G A T E W J H S I F U N F

AFRICA
AQUARIUM
BARS
BRONX
CAGES
CAPTIVITY
CHEETAH
CHILDREN
COLLECTION
EDUCATION
ENCLOSURE
EXOTIC ANIMALS
FAMILY
FISH
FOOD
FUN
GIRAFFES
GORILLAS
HABITATS
HIPPOPOTAMUS
LIONS
MAMMALS
MONKEYS
PANDA
PARK
PENGUINS
PETTING
POLAR BEARS
REPTILES
RIDES
SAN DIEGO
SEALS
SHOWS
SNAKES
SPECIES
STUDY
TRAINERS
TREES
VETERINARIANS
WALKING
WATER
WILD
ZEBRAS
ZOO KEEPERS
ZOOLOGY

Solution on page 118

Mickey Mouse

D P H P L A S Y M B O L H P A B S D O T
X A L A N I M A T I O N U F T A I L D E
C R X F Q K S H Y I T R A D E M A R K B
X A Z H C C E I F E A C Z T I L O O M I
U D R W O M S V O D F U H V P U C W I A
U E S T E A M B O A T W I L L I E Y N M
W W V P O P A B G C L U B H O U S E N J
E H A A D O N A L D D U C K C W E N I E
B R I P F A N T A S I A S T R O H S E X
K J R T B U L C E S U O M Y E K C I M K
C P O E E X Q E H D C A T N D J H D O O
C I U X B G W S H A I O B O R E K S U Z
A D N C H T L L E U R S M C B R M U S H
K R D H I X C O M I C A N I M A L O E R
R A E I S L R R V L V U C E C T Q M C A
D W A L T D I S N E Y O T T Y S V A Q L
L I R D O T U L P K S S M E E L T F M U
U N S R R A T A L U V Y B Y I R A R I P
H G Q E I H U I T E L E V I S I O N I O
C U N N C C C T P U H I R K I M P H D P

ANIMATION
CARTOON CHARACTER
CHILDREN
CLUBHOUSE
COMEDY
COMIC ANIMAL
COMIC STRIP
CUTE
DISNEY WORLD
DISNEYLAND
DONALD DUCK
DRAWING
FAMOUS
FANTASIA
FUN
GOOFY
HAT
HISTORIC
ICON
MASCOT
MICKEY MOUSE CLUB
MINNIE MOUSE
MOVIES
PARADE
PLUTO
POPULAR
ROUND EARS
SHORTS
STAR
STEAMBOAT WILLIE
SYMBOL
TAIL
TELEVISION
THEME PARK
TRADEMARK
WALT DISNEY
WHITE GLOVES

Solution on page 118

Christmas Time Is Here

C Q M H N G W T A F S L N Z W N E R V G
D M O E I I L I G H T S O R A N G E S X
R W U Z A Z A W E T A E S I O O S K J L
N S E S S S Z A A L R I U D I P U C I P
D N L G I V I N G P A K A R E C N A D I
X N R O Y C N L K I W O L Z E I S R D H
K Y J G R E V O Q W R O C I B S Q C O P
N E X E N A C Y D N A C A U A B E T C L
L K X B S F C H V K P Z T W E O C U O O
L R A F A M I L Y Z P P N W V H D N M D
F U G S L Y U S N O I T A R O C E D E U
M T V C T E R L E G N A S C L W R G T R
W O N S A N S F P I G E O T A D G R D F
C D O Y C R E N H R P L R E N N O D A S
P R E D U A O M I J A R E Q O E D H S Z
F P L L S B N L A T P G A G G W S L H J
X Y Y T S F D O E N E F U N Y I S E E M
A Z E R R Z R G V R R Y I S C Q F M R S
R Z I E A I A T O Y S O C W R E A T H P
D W K E N R B T E N O X O P P H R S S B

ANGEL
CANDLES
CANDY CANE
CAROLERS
CAROLS
COAL
COMET
COOKIES
CUPID
DANCER
DASHER
DECORATIONS
DONNER
EGGNOG
FAMILY
FEAST
FROSTY
GIFTS
GIVING
HAM
HOT CHOCOLATE
LIGHTS
LOVE
MUSIC
NOEL
NUTCRACKER
ORANGES
ORNAMENTS
PRANCER
PRESENTS
RUDOLPH
SANTA CLAUS
SLED
SNOW
STAR
SUGARPLUMS
TANNENBAUM
TINSEL
TOYS
TREE
TURKEY
WASSAIL
WRAPPING PAPER
WREATH

Solution on page 118

I Am Amused

Q H V G G L I Y K W D A W M C P P X C U
D S M F U L T D Z F E B T W I N K L Y E
E E N N U N E L E Y T F A N T M M V A J
X A S L U K S E W T A W E L A T E D M Y
U P H A P P Y M F T R E O D T Y U R X K
M X J I E S S C I U A A N E S Z O H R L
I E V V U L H F G L L A E T C J R U Q Y
W F V O E U P H O R I C C H E H O V B N
C J Y J C O E I J U H N J G T R E L S W
L O U K Z Z P G Y L X Y G I I H T E L R
J S L H E C N A D J E D F L Z E G A R Y
R E V E L N G D E Y O J R E V O U I I Y
H D L U F H T R I M F U U D S G R L L N
G I G G L E D P F U P R V B H T A E R T
G N K M B A Q R S L R L O I I N I R G E
O A I C R E N L I V E N N L S L I V R V
O G U M S J H F T T T G Y H I M A F E Z
C C G L A D T P A M T X R E K C I N S O
N J J H Y E Z L S F I O G O P D X R T X
P X X Y D A B W D N T Z L U K L N S K O

BEAMING
BUOYANT
CHEERY
CHUCKLE
DANCE
DELIGHTED
ECSTATIC
ELATED
ENLIVEN
ENTERTAIN
EUPHORIC
EXHILARATED
FESTIVE
FROLIC
GAY
GIGGLE
GLAD
GLEEFUL
GRIN
HAPPY
JAUNTY
JOLLY
JOVIAL
JOYOUS
JUBILANT
LAUGHING
LIGHTHEARTED
MERRY
MIRTHFUL
OVERJOYED
PLAY
PLEASED
REVEL
SATISFIED
SMILING
SMIRK
SMUG
SNICKER
TITTER
TREAT
TWINKLY
UPLIFTED

Solution on page 118

Keep Busy

L B U K B J Z G P G V M U S I C B C R B
U E T I L Q W Z E X N Z E V T T P G B C
S E A Z H C T E R T S I W I F R J C O I
Z U S G A M Y O O K D X T S B Z O H O J
P P K A L U C S E U N H G U F U P P K M
F R S M Z Z R A T D E N J A O M M Z S X
R O O E Q G B S X L I L T S L B V F V V
H U G D I K N M A H R V U S D A T I N G
H Y N C U T O C T S F J D D I W I T C A
W H I M F C I D G N I N R A E L M N B F
N J Y K K S T V K N A E L C N H E E I J
P E A I Y J A I I C B W I U A C C S P C
W B L H W L T M V T A S R V D T E S S K
S G P O C I I G B E C P N B O Q S P L F
G H R B Z L D K N F T A U O S M Q A A K
R K T B J I E M Z I W P U Z I T T M O L
Y Y V Y N F M J S S N E Q N Z T I O G A
Y E O E P E G I P G G R N Q M L C B T W
J G R V N K V Q M M H Z O T Y Q E A A N
A K S L Z B Z Z A D G D G M G M O S R H

ACTIONS
ACTIVITIES
BOOKS
CLEAN
COOK
DANCE
DATING
DINE
FAMILY
FITNESS
FRIENDS
GAME
GOALS
GYM
HABITS
HOBBY
JOG
LEARNING
LIFE
LIST
MEDITATION
MORNING
MOVIE
MUSIC
NEWSPAPER
OUTING
PHYSICAL
PLAYING
PRODUCTIVE
PUZZLES
RUN
SCHEDULE
SPORTS
STRETCH
STUDIES
TALK
TASKS
THINGS
TIME
VIDEO
VISIT
WALK
WORK
YOGA
ZUMBA

Solution on page 119

Disneyland

D L R O W L L A M S K R A P E M E H T R
H A I N R O F I L A C N O I T A C A V I
E F A M I L Y E N S I D T L A W J U N D
L I N E S L E T O H R E S O R T T O D E
D N A L R E I T N O R F I R E W O R K S
D M O D G N I K C I G A M E C A S T L E
I C Y I D K R A P T N E M E S U M A C I
S R E T S A O C R E L L O R V J S D I R
N O F C U N E R D L I H C Z X U S V S O
E W X L U A A I P O T U A T T F R E U M
Y D I F T N E M N I A T R E T N E N M E
W S T S E U G B D O O F E L I O T T P M
O R I G I N A L G E O R L N C I C U R O
R S P A C E M O U N T A I N K S A R I N
L S O U V E N I R S I N V J E S R E N O
D N A L Y S A T N A F P U Q T I A L C R
X E S U O M E I N N I M E A S M H A E A
T L A T T R A C T I O N S E H D C N S I
Y F O O G M T O M O R R O W L A N D S L
I F N I A T N U O M H S A L P S W O H S

ADMISSION
ADVENTURELAND
AMUSEMENT PARK
ATTRACTIONS
AUTOPIA
CALIFORNIA
CASTLE
CHARACTERS
CHILDREN
CROWDS
DISNEY WORLD
ENTERTAINMENT
FAMILY
FANTASYLAND
FIREWORKS
FOOD
FRONTIERLAND
FUN
GOOFY
GUESTS
HAUNTED MANSION
HOTELS
LINES
MAGIC KINGDOM
MAIN STREET U.S.A.
MEMORIES
MINNIE MOUSE
MONORAIL
MUSIC
ORIGINAL
PRINCESS
RESORT
RIDES
ROLLER COASTERS
SHOWS
SLEEPING BEAUTY
SMALL WORLD
SOUVENIRS
SPACE MOUNTAIN
SPLASH MOUNTAIN
THEME PARKS
TICKETS
TOMORROWLAND
VACATION
WALT DISNEY

Solution on page 119

Ocean Wildlife

H H K W U S B W F R S P G D J J Z X Z A
R B R C A K D P X L B E L O B S T E R L
F F E R A S O R S P O S S D L F M Z B K
U X P A N B L I E P F U B R L D W A B E
W Y P P U G P O S H O A N U O O F B P U
J P A P W A H M N A C N K D N H Z I R E
B O N I A Z I U U T R E G N E V A C S J
J R S E L B N B E H U D I E H R S E E H
B P C C R P A R O Y S M I P S U H L S C
K O A O U F I L N B T I R N L T L K Y C
F I L R S A I C O T A A F I E Y K E L P
P S L A A O O E I N C R T E F M L D F D
M E O L H P E N N N E U R I L L K P S U
I R P S E L T R U T A E S A O T Q O M E
R W S P Y R A U R N N H E W C D T U A Z
H G O B Q E W Z G R B C T S I U S U L M
S D O P O L A H P E C A A V O S D G C Q
S G L E R E K C A M I C E Y E L L A W A
B T O V F E D E H L M R K L N O E X E I
J I W K V O R A N G E R O U G H Y F G Z

ABALONE
BACTERIA
BARRACUDA
CARP
CEPHALOPODS
CLAMS
COPEPODS
CORAL
CRAPPIE
CRUSTACEAN
CUTTLEFISH
DIVER
DOLPHIN
EEL
FLOUNDER
FLUKE
GOBY
GOLDFISH
GRUNION
GUPPY
HUMPBACK
JELLYFISH
KELP
KILLER WHALE
LOBSTER
MACKEREL
MINNOW
MUSSEL
NAUTILUS
ORANGE ROUGHY
PORPOISE
SARDINE
SCALLOPS
SCAVENGER
SEA TURTLES
SEAHORSE
SHRIMP
SNAPPER
SOLE
SPONGES
WALLEYE
WALRUS
YELLOWTAIL

Solution on page 119

Healthy Salads

N B W E U T K M X S H T Q K K X T S Q Z
U T P T T K S I Y N O W G B P S U A Z W
J F P V P Y V H D A P G E O E C B Q G P
C U R L M U X H S E S E E H C J M B Q S
H W O L I Y D T P B T P Q M A R D N T F
C E L E R Y F P F S H E I A N I R C W D
A Q I C H V E R F Y W Z N N T C A W O T
T F V U S R U T E D I Y E S A R L O N S
O V E T A I N K T N R K Z Z R C F B I P
M Y E T T A R O A S C A Z O Y A H I O F
A U I E I U W S T I L H T H E D L U N Z
T Q S L T F E J H U O M N S T N L J S M
O M A H E M X C G D O M B I U O F H U C
A T C G R V F U A U N R A D N M X O D Y
I B Z A Z O R C C R W Q C A A L S S U B
G B P L I A O U Y U A Z O R E A N U T L
C O U O X V R M A H L N N Y P P I E G G
Y I J B A F L B M G N U C C E P Q L D P
P K G N I S S E R D U R F H X L I A L D
V V I N A I G R E T T E N S T E A K P Z

ALMOND
APPLE
ARUGULA
AVOCADO
BACON
BEANS
BEETS
CARROT
CELERY
CHEESE
CHICKEN
CROUTON
CUCUMBER
DRESSING
EGG
FETA
FRENCH
FRUIT
HAM
ITALIAN
KALE
LETTUCE
MUSHROOM
MUSTARD
OLIVE
ONION
PARMESAN
PEANUT
PECAN
PEPPER
RADISH
RANCH
SEAFOOD
SHRIMP
SPINACH
STEAK
TOMATO
TUNA
TURKEY
VINAIGRETTE
WALNUT

Solution on page 119

For Sure

K M O F B U J R Z F A L H R Q V O P N K
O T H C P O S I T I V E X P L I C I T T
E E V I S I C E D U U V C E R T A I N Q
S L R E L I A B L E R K W D A W I U E K
O B B T G N G R P R E D E S T I N E D Z
N A L A C O V I U Q E N U T S Q D T I L
E T P R E D I C T A B L E T U T I U F B
H I I U D E C N I V N O C E O H S L N V
T V N C E S S I Q X C N S E U G P O O N
N E P C V S J E Q X I T B J G U U S C E
O N O A I E U J R T I Z S N I O T B S V
C I I X T R L D S O B L I T B R A A E N
E F N H I P I I N R F T W K M O B O T I
H S T N N X D A U I A O R N A H L K T Y
I T I O I E B A D I L I G E N T E A L D
Z Q V C F L W B V C O N C L U S I V E W
I A C L E A R E L B A D N E P E D T D Q
V I V I D R D E T A F W F C E X A C T Y
K O K C T N P G O V E R T E S T E D V D
D Y L P U O T T L E R T R U S T Y D L P

ABSOLUTE
ACCURATE
CERTAIN
CLEAR
CONCLUSIVE
CONFIDENT
CONVINCED
DECISIVE
DEFINITIVE
DEPENDABLE
DILIGENT
DISTINCT
EXACT
EXPLICIT
EXPRESSED
FATED
FORESEEABLE
INDISPUTABLE
INEVITABLE
ON THE NOSE
OVERT
PINPOINT
POSITIVE
PRECISE
PREDESTINED
PREDICTABLE
RELIABLE
SETTLED
STATED
TESTED
THOROUGH
TRUSTY
UNAMBIGUOUS
UNDEVIATING
UNEQUIVOCAL
UNQUESTIONABLE
VIVID

Solution on page 119

Hair Care

W M N O V B B N Y M Q F W L P U U B P E
F I T D A V U W G U E G P E R M I R T K
T D U C H L G O M Y G I V G F H L H M D
E Y O N A R C W I W L P W A W H O X A A
A G W O I P O T D C U E M K C Q Q J W N
R P O I R S E L X C Q F W R C U H U Y G
L L L T S B R W L A O P E O O P H X D L
I F B P P E A I T E S L E Z T S M G P A
U D Y E R G A R A E R F O A U B N P I Y
K Y L C A Q F C A H L S O R C L L L N E
Y N O E Y U A B Y P C Y B T O N O U S R
R V Y R C S T R A I G H T E N L V T L S
L Y R A H O O I S K N N L S N A R J H Y
I W K I P R N S C O I F F U R E G A Q E
Z Z E W R H O D I I H K H S A W M E P S
Y R D I E R A H I B A A N K I P V O L A
C O M B S C S E X T E N S I O N S O W E
X J Q A K A S Y Z Z I R F O S P C O S T
I S X H F X E Y E B R O W S Y K L Y Y J
I A E J J B Y F P O B A N G S T F I P U

BANGS
BEAUTICIAN
BLOWOUT
BRUSH
CAPE
CASHIER
CHAIRS
CLIP
COIFFURE
COLOR
COMB
CONDITION
COST
CUT
DRY
DYE
ELEGANT
EXTENSIONS
EYEBROWS
FASHION
FRIZZY
GEL
HAIRSPRAY
LAYERS
LOCKS
MIRROR
PARLOR
PERM
PINS
RAZOR
RECEPTION
ROLLERS
SCISSORS
SHAMPOO
SINK
STRAIGHTEN
STREAK
STYLE
TEASE
TOWEL
TRIM
WASH
WOMEN

Solution on page 119

Animated Cartoon Characters

N P E B B L E S R E C A R D E E P S P P
A O G N A M O W R E D N O W E L I N U S
M R U F O G H O R N L E G H O R N D Q C
T K M R D N U O H Y R R E B E L K C U H
R Y B E I R N D L K Y T L R K I P E I E
A P Y D L K D Y C C R A B E D S A L C C
C I O F Y C E W D U R C B N D A N B K K
H G S L O U R O A D E E U N U S T B D L
O M E I E D D O F D J H R U F I H U R E
M I M N V Y O D F L D T Y R R M E R A A
E C I T I S G P Y A N X E D E P R Y W N
R K T S L I V E D N A I N A M S A T M D
S E E T O A O C U O M L R O L O L T C J
I Y S O Y D E K C D O E A R E N I E G E
M M A N M F S E K P T F B L M E I B R C
P O M E G E O R G E J E T S O N Z F A K
S U D Q Y L H O O P E H T E I N N I W L
O S R E P S A C G W I L E E C O Y O T E
N E S U O M Y T H G I M R M A G O O A P
N A M R E P U S C O O B Y D O O B O O B

BARNEY RUBBLE
BETTY RUBBLE
BOO BOO
CARTMAN
CASPER
DAFFY DUCK
DAISY DUCK
DONALD DUCK
ELMER FUDD
FELIX THE CAT
FOGHORN LEGHORN
FRED FLINTSTONE
GEORGE JETSON
GOOFY
GUMBY
HECKLE AND JECKLE
HOMER SIMPSON
HUCKLEBERRY HOUND
LINUS
LISA SIMPSON
MICKEY MOUSE
MIGHTY MOUSE
MR. MAGOO
OLIVE OYL
PEBBLES
PINK PANTHER
PORKY PIG
QUICK DRAW MCGRAW
ROAD RUNNER
SCOOBY DOO
SPEED RACER
SUPERMAN
TASMANIAN DEVIL
TOM AND JERRY
UNDERDOG
WILE E. COYOTE
WINNIE THE POOH
WONDER WOMAN
WOODY WOODPECKER
YOSEMITE SAM

Solution on page 120

Friendship

P U O R G Z E Z S A H E C N A M O R O B
U U B Y E T U T N E M I T N E S U E V K
D T B D C N R C I A D R O C C A T S H V
D H N D O B T V C M S A F S N G Y P S E
E F U E M S J R Y P P S Z W A K L E M E
E L M M R S U U A H L O O E T I I C V P
N W P B A D E P N P O G R C N T M T V R
C K G O D N L C P D V I N T I M A C Y I
C O L L E G E I A O E S E V A A F J S F
Y S N K S P S X H L R R I H U N T V C R
T H E F H T J H P C P T S M Q L T I H I
L A N O I T O M E E C K I T C A S M O E
A R W M P D Y G R A R K R V A P E A O N
Y I Y G Y K A S E F F I Z O E N I R L D
O N S J J E O N S T Q F E Q W E D R Q S
L G N I D N O B T U H C I N A P D I E B
C B E H A V I O R K Y E K N C G U A N I
G N I L E E F O R E V E R B I E B G V G
F U C R D E P E N D N E I R F T S E B D
L A U T U M T R U T H O N E S T Y H M Q

ACCORD
ACQUAINTANCE
ACTIVITIES
AFFINITY
ASSOCIATION
BEHAVIOR
BEST FRIEND
BONDING
BUDDIES
CHILDREN
COLLEGE
COMRADESHIP
CONFIDANT
DEPEND
EMOTIONAL
FAMILY
FEELING
FOREVER
FRIENDS
GROUP
HONESTY
HUMAN EXPERIENCES
IMPORTANT
INTERPERSONAL
INTIMACY
JOY
LOVE
LOYALTY
MARRIAGE
MUTUAL
NEED
PARTNER
PEN PAL
PEOPLE
RESPECT
ROMANCE
SCHOOL
SENTIMENT
SHARING
SUPPORTIVE
TOGETHER
TRUE
TRUTH
UNDERSTANDING
WORKPLACE

Solution on page 120

Folk Music

B W C I S U M L A N O I T I D A R T K J
L R O L S N S E F O J R Q P F K O S S C
K X U C A A N Y B I O A J W L V M B R O
P G N S R V A P S T N N B O B D Y L A N
T N T E G O I H T I I A F O A O C H T C
Q I R I E N C V Z D M C N D I N L A I E
S G Y T U O I V E A I I Z Y A A B U U R
P N C X L D S Z P R T R F G R L N A G T
H I U I B K U Z T T C E D U K A L H E S
S S H S X R M C S L H M R T I V R A A Z
H P T R N Y E E U A E A R H M E I R B S
L E O N O L T G K R L P C R T I T M W T
G R M Y E O L C E O L A C I T I L O P F
J F P F R M O Y R E L S R E S G E N R E
Q O A P T R U T R A S W Z T P G J Y I D
M R X C K O D R P I G E S R E G N I S A
U M T L F I H P T N C I T S U O C A L N
G F O T P D A J O S Y S R E R U T L U C
A F N P W A B S O F N P G Z P M P G V E
V R E C O R D S L A V I T S E F P N U Q

ACOUSTIC
AMERICAN
APPALACHIAN
ARTISTS
BALLAD
BLUEGRASS
BOB DYLAN
CONCERTS
COUNTRY
CULTURE
DANCE
DONOVAN
ELECTRIC FOLK
FESTIVALS
FOLK ROCK
GENRE
GUITARS
HARMONY
INSTRUMENTS
JOAN BAEZ
JONI MITCHELL
LYRICS
MUSICIAN
ORAL TRADITION
PERFORM
PETE SEEGER
PHIL OCHS
POLITICAL
PROTEST
RADIO
RECORDS
REVIVAL
RURAL
SINGERS
SINGING
SIXTIES
SONGWRITER
TOM PAXTON
TRADITIONAL MUSIC
WOODY GUTHRIE

Solution on page 120

Tom and Jerry

T I Y S A O M L V N T O S M G E K I P S
X I X K M P M J F L N J A Y E R P L L F
O U C W H I S K E R S O N T N E L O I V
C I V G N I S A H C A S I V E L T G E M
L O D L O A T C R I T E M S M S H V S T
A Y M U I V N C S S U P A A I T X E A H
S H N I T F E A E U R H T P E V U C Y O
S U M N C S M R V M D B I E S M E R Y K
I M D W U V N T I U A A O K O S L L C C
C O L O R F I O S N Y R N U U A Z A E I
O R G G T R A O O I M B S O V D D I T T
M K I D S S T N L T O E H I M I O N A S
E H V G E H R N P E R R R F P S O R C P
D B T O D O E E X D N A X E S T W O M A
Y C S D V R T T E S I C C Z B I Y F O L
V M A L D T N W V T N Y E M M C L I T S
D B G L Z S E O N A G I F W G X L L Y S
C R I U S P A R T T M E H Y A M O A K L
V H W B M Y R K S E N O J K C U H C E D
C H A R A C T E R S F R I E N D S H I P

ANIMATION
AXES
BULLDOG
CALIFORNIA
CARTOON NETWORK
CHARACTERS
CHASING
CHILDREN
CHUCK JONES
CLASSIC
COLOR
COMEDY
COMIC VIOLENCE
DESTRUCTION
ENEMIES
ENTERTAINMENT
EXPLOSIVES
FIGHT
FRIENDSHIP
FUNNY
HOLLYWOOD
HOUSECAT
HUMOR
JOSEPH BARBERA
KIDS
MAYHEM
MGM CARTOON STUDIO
MILK
MOUSE
MUSIC
PISTOLS
PREY
RIVALRY
SADISTIC
SATURDAY MORNING
SHORTS
SLAPSTICK
SPIKE
TELEVISION
TOMCAT
TRAPS
TYKE
UNITED STATES
VIOLENT
WHISKERS

Solution on page 120

Plenty of Food

E U R F F V K V Z V T T O E C P K M S V
R C A Y S U E U C E B R A B I M K N B G
K F U J G T Z O C H T Q P A N C A K E S
L D Q B S E O T A T O P R S O H C A N H
U N E S U S S R S I A C A F R A N K S N
D E T L G N N Y R T S H O L A R M I Z S
Z V J J A D Q T Y A T D O L C W F Z D N
X F F C R E E F F O C S N N A W S G G E
J T K O N S S L N I F W N G M T R C O Y
A S C R D N A B K O Y X S I R R E S S N
R P X F P K P U G W C P U O S A K L Z C
C A H G T Q Q R O A S A N D W I C H P W
K A O R A C A G T T A K B R T L A F P I
S I M I C N P E I E I L I H C M R R C F
Y H E L O B X R R R H C P L X I C E S S
M N E L S U F S R S E M S M L X R O F T
M Q A N S R F R U I T O O N X E M L R U
F W U V Y D R I B S D E S E A Z T Y A N
E B K G Q S O X R A V Z W L P E Q G S M
W O P L P D Q M Q E Y J P R G O B S I F

BACON
BARBECUE
BEANS
BUNS
BURGERS
BURRITO
CARROTS
CEREAL
CHILI
CHOCOLATE
COFFEE
CORN
CRACKERS
EGGS
FIRE
FISH
FRANKS
FRUIT
GRANOLA
GRILL
MACARONI
NACHOS
NUTS
PANCAKES
POTATOES
RAISINS
RIBS
RICE
SANDWICH
SEALED
SKILLET
SNACKS
SODA
SOUP
STEW
STIR-FRY
TACOS
TOAST
TRAIL MIX
WATER

Solution on page 120

Time to Relax

Z L Z I Q I W D A Y D R E A M I N G O G
G G D X M E I U C S J T A I S P A N H F
X A I P U N I R O L A Z I N E S S I C G
F U V X N F C V L L V G Q J W Y K S A W
O H E E E O C R O W I N E W N I J I E O
G Y R P P A E C R M J I T N N D L U B K
X G T V M C O H I J X H U G M Y C R P Y
S Z N P L H G H N M A S S A G E O C S W
T G I I C A H F G A S I E P O O L J F G
K N N T P F U X L E F F X S P U F R N D
G E O I Z E A B N O V I E F F S I I F E
R H I I T K E M W G A C R E B E I G Q D
E Z S M T T L L E S L T C E N K I N B I
T K I G I A I G S U E A I D S L M I R X
R O V D C G T N S T E R S N C I K T E O
E P E C O O B I K P I O E I G I D S A E
A H L C Z Y O L D Z Q V S N N Q L E K P
T T E U Y N O I E E O U G G I A L R U B
W Y T X X K K A C O M F O R T T A S A H
B B G G A M E S O O T H E D D P Y C J K

BEACH
BIKING
BOOK
BREAK
CALMNESS
CAMPING
COLORING
COMFORT
COZY
CRUISING
DAYDREAMING
DINNER
DIVERT
ENJOY
EXERCISE
FIRESIDE
FISHING
FLOATING
FRIENDS
GAMES
HIKING
HOT CHOCOLATE
KNITTING
LAZINESS
MASSAGE
MEDITATION
MOVIE
MUSIC
NAPS
PARK
PEACEFUL
POOL
RECLINER
RESTING
RETREAT
SAILING
SECLUSION
SERENITY
SKIING
SLEEPING
SOOTHED
SUNNY
TELEVISION
WINE
YOGA

Solution on page 120

How Funny!

Q J H O Q J K I C E H H V G E T O U Q W
U M Z E M S N S V A T Y N L Y L J C S M
B G U R I D Z A D G H I L S R A E T C V
D G X M L G X G S W L I H T O R S O G F
N S S C R L E G D K V O E S T X T E C X
A X R U A R R G C E W L W I S M F K G U
D O Z N G R U I D N E R D L I H C S O F
R C D A C J T U B V F N A N X M G N Y I
V D G P U S A O I B B M O V I E P U O I
G G Y D P V C S O R I D D L E S O P O R
H A S A C Q I E E N M B A M Z C P E F O
U E L E W O R T A M S E I T I D D O B A
E S Z D N T A O V C U L E C R A F P O S
V P E Y A Q C D O I T T L U G M Q L O T
P E T S D A J C I R I O S E H C T E K S
D F N A P O W E C O W Y R O S X T R S E
T N E E K L R N E N T I K S C R Q I E I
L N R E C V A A S Y B T D K I X P T S B
V D S C T S K Y P V Q I A C I T N A O A
L W E D I U Y D U Y K R K Q V O F S N B

ACTORS
ANECDOTES
ANIMALS
ANTIC
BABIES
BOOKS
CAPER
CARICATURE
CARTOONS
CHILDREN
CLOWNS
COSTUMES
DEADPAN
EARS
FARCE
FEET
GAG
IRONY
JEST
JOKES
KIDS
MOVIE
NOSES
ODDITIES
PARODY
PEOPLE
PETS
PLAY
PUNS
QUOTE
RIDDLES
ROASTS
SATIRE
SCENE
SHOW
SKETCHES
SKIT
SLAPSTICK
STORY
TELEVISION
TICKLING
TRICK
VAUDEVILLE
VOICES
WIT

Solution on page 121

Animation

W Q Z L G N I V O M L Q U N M D A E I M
C K C A J M I Y C H I H I F P K I H L B
C C S O A H Y T E R T E G R A P H I C S
C K R G P I X I L A T I O N D C F L O O
K D E R U T C I P N O I T O M O A N L F
Q S T N F E I W Z D I S P L A Y K L O T
O K C A L C J C L N E G Z E M A R F R W
E O A C I N E M A T O G R A P H Y M S A
M O R P P E N V T L P I T F E Y S O M R
L B A A B U K N I B I I T D G L T V W E
L C H Q O Q G Y G D O L C O V P U E A Y
P A C T O E O G I N E B L T M T D M L T
P D N M K S M K D F P O R U U P I E T M
S Y G I C A R T O O N S C A S R O N D Z
T K I F M O G N I H C T E K S I E T I V
S G N I W A R D C O M P U T E R O S S Y
I M X T X D T E L E V I S I O N B N N Q
T S R S X I T O F O P F W L V J B N E Z
R A Q O J G N E R D L I H C A A U Z Y Z
A J V R F N J W E Q V Y W D M F L X D P

ANIMATOR
ARTISTS
ARTWORK
BOOKS
CARTOONS
CEL
CHARACTERS
CHILDREN
CINEMATOGRAPHY
CLAYMATION
COLORS
COMPUTER
DIGITAL
DISPLAY
DRAWINGS
FILM
FLIP BOOK
FRAME
FUNNY
GRAPHICS
IMAGES
INK
MOTION PICTURE
MOVEMENT
MOVING
OPTICAL ILLUSION
PICTURES
PIXILATION
SEQUENCE
SKETCHING
SOFTWARE
STOP MOTION
STUDIO
TECHNOLOGY
TELEVISION
VIDEO
WALT DISNEY

Solution on page 121

Board Games

K X K F J Z E A G Y R E V Y B L U D O S
S R E E R A C Y N R L D A Y T O N P T E
I R N C H U T E S A N D L A D D E R S N
R G U N H B X R Y A Y O P E H R A O E E
A C T E M I L Q L A P P U S A T P L I T
T A H U O T N Y P O L L A T E P S L R R
B R E Q R S D E N E C D I G I Y V E O O
C C G E R N T O S M R O O H D O P H G U
N A A S A Y M T A E N K Y X C A M T R B
V S M C C J O S D K C R O O R Y P O E L
H S E O L A T L Y O G H N T R A N B T E
Y O O M P E A A O N W N E A R O Q A T L
R N F P R B H T U S E S N C M X L T A B
R N L M P T I H S C U O H M K A Q T C B
O E I X Z E Y E T O I E A C C E I L S A
S N F E Z R U F M T E G D N C T R E S R
D H E L G G O B C S K F A Z B H T S T C
C R A N I U M I I C X M D R A U G H T S
T I U S R U P L A I V I R T F A M I L Y
W H S U K O L B U K I M M U R L Y P V F

APPLES TO APPLES
BACKGAMMON
BALDERDASH
BATTLESHIP
BLOKUS
BOGGLE
CANDY LAND
CARCASSONNE
CAREERS
CARROM
CHINESE CHECKERS
CHUTES AND LADDERS
CLUEDO
CONNECT FOUR
COOTIE
CRANIUM
DRAUGHTS
FAMILY
GUESS WHO
HUNGRY HUNGRY HIPPOS
JENGA
LUDO
MANCALA
MASTERMIND
MONOPOLY
MOUSE TRAP
OPERATION
OTHELLO
PARCHEESI
PAY DAY
PICTIONARY
RISK
RUMMIKUB
SCATTERGORIES
SCRABBLE
SENET
SEQUENCE
SORRY
STRATEGO
THE GAME OF LIFE
TRIVIAL PURSUIT
TROUBLE
TYCOON
YAHTZEE

Solution on page 121

Trick or Treat

X D I Y W X P F P C V W W E B S H K F P
Q G S R E D I P S L U O H G V D C L N H
S T N O I T O P I F Y P E E R C O A C I
T L I I N V I S I B L E M A N W B T R T
P L L R B I U L G X K H C F E C A N D Y
T A B E I B G P H O O U Y R E P N I R C
S F O A P P O H R L L R E I W T S V Y P
H W G K P S S B T A E W F G O P H O K C
H S E S U O H D E T N U A H L Y E B I N
O K D I A I Y L E L L K G T L R E Y T S
T E A H R I B M E L P I R E A C N E X I
V L R S C D E R M W R P O N H H O T F Z
F E E E A C T O O E B B A I Y O T Q V A
Y T U R U D O R B O L J N N K C S A G J
Z O Q I L N C O N A M E I G O O B W B O
U N S P D E T E C E M S I S O L M Y L K
Q O A M R C S K A I P N T X P A O D N M
S S M A O L C O F F I N A I S T T B U I
C B C V N A H S E M U T S O C E B E S H
R S R E T S N O M U M M Y I M K L T Q J

APPLE BOBBING
BANSHEE
BAT
BLACK CAT
BONES
BOOGIE MAN
BROOMSTICK
CANDY
CAULDRON
CEMETERY
CHOCOLATE
COFFIN
COSTUMES
CREEPY
CRYPT
DRACULA
FALL
FRIGHTENING
FULL MOON
GHOULS
GOBLINS
GROAN
HALLOWEEN
HAUNTED HOUSES
INVISIBLE MAN
MASQUERADE
MOAN
MONSTERS
MUMMY
NIGHT
OCTOBER
PATCH
POTION
PRANK
SCARECROW
SCARY
SKELETON
SPELLS
SPIDERS
SPIRIT
SPOOKY
TOMBSTONE
VAMPIRES
WEIRD
WEREWOLF

Solution on page 121

Cheering

N W L F U W Y K P I H S R E D A E L C C
X Z T S E V I T I T E P M O C H E E R M
L K T O C Y W Q T C E S R O U T I N E S
P Z N N X H F U N R A S D R P D S S P A
W I A G N X O A F I A Z V G G M P M U J
T M H T Y H R O S A E C X A I I O O Y K
T J C Q S A R U L A Y T T N R K C P U G
E W F D E M H O M E C O M I N G F F N Z
T V R P A T X V S T B R T Z V L O I I Q
V B P N N O A C S E O E F E J I O A F U
K A C E X U B E R A N C E D X G T X O W
Y E K O L E T M A O I I D V T A B Y R Q
Q R Y T L N Z M H T W F L U P K A T M B
L O S I O M H P E U H D O E O F L I S T
B C M C E H A G S M P L P C D L L S P O
E S V U V G R P B B D P E X M I Y R O R
E Q G E E E L W Z L Y D Y T Y P S A R A
V U M M N I M G N I T I C X E S O V T L
A A T E T S R E N N A B P H Y S I C A L
G D R S S J C E A G I H C M H G M Z C Y

ACTIVITY
APPEARANCES
ATHLETES
BANNERS
CHANT
CHEER
COMPETITIVE
CONTEST
CROWD
ENERGETIC
ENTHUSIASM
EVENTS
EXCITING
EXUBERANCE
FLIPS
FOOTBALL
FUN
GAME
HOMECOMING
JUMP
LEADERSHIP
LOUD
MEGAPHONE
ORGANIZED
OUTGOING
PEPPY
PERFORMANCE
PHYSICAL
POMPOM
RALLY
RHYTHM
ROUTINES
SCHOOL
SCORE
SIDELINES
SMILE
SONG
SPIRIT
SPLITS
SPORT
SQUAD
TUMBLING
UNIFORMS
VARSITY
VAULTS

Solution on page 121

Alice in Wonderland

Q D C F O T H M M P T H P G Z G B J U Q
N O F T T J X B M V M C N Y G I J Y F P
C O G W Q F A N T A S Y T R A P A E T E
S R R E T T A H D A M B P V F L P A S G
E L O A P L A Y I N G C A R D S C Q I Y
K E W Q L D L M P E A D U C H E S S M T
E H C Z U L A O R S L L N E R D L I H C
M O J I K E I U R T E O E I U A R U J O
K O I R L Y T P W R M O H V S R E P E D
N K C X J A W E R A A S E T O T P K R O
I A Q K R A E O O E E C R R I N A E A D
R H O E T D D F X H T A S B T B S Y H C
D O T E L U I V C F T A B I V S B G H C
B I T E I C R E E O O A C O W F R A C D
L A D T T V H T D N R R M N E E W D R W
L U S I Y T O A L E T C D N C Z L I A H
M O O R H S U M T E S U O M R O D S M X
L N O U Y E N I P U S H R I N K I N G X
R T G R Y P H O N Q O N E E U Q D E R T
S W I S L W W V K K R E A P X T M Y O I

ADVENTURE
ALICE
BOOK
CAKE
CATERPILLAR
CHILDREN
CROQUET
DISNEY
DODO
DOOR
DORMOUSE
DRESS
DRINK ME
DUCHESS
FANTASY
FICTION
GROW
GRYPHON
HOOKAH
KEY
LATE
LEWIS CARROLL
LITERATURE
LOST
MAD HATTER
MARCH HARE
MIRROR
MOCK TURTLE
MOVIE
MUSHROOM
NOVEL
OXFORD
PIG
PLAYING CARDS
QUEEN OF HEARTS
RABBIT HOLE
RED QUEEN
SHRINKING
STORY
TARTS
TEA PARTY
THE CHESHIRE CAT
TWEEDLEDUM
WHITE RABBIT

Solution on page 121

Christmas Trees

L S W N S C W J K T S U X Y G N B V G A
B V S G E V E R G R E E N Y L I M A F W
H R L E G L A N O I T I D A R T R F O O
B B E P L I A O O K S Y M B O L I S R R
I O S T U D F I S S E H C N A R B N E N
R A N E N E N T X E S U N N P P E O S A
E A I K L I E A S E T U D F A R M W T M
K C T K V D W R C R D E A Y D F J K W E
W N D S D B E B T T O H O L I D A Y S N
U A S P E L U E L S W S I N C Q L K R T
B F T T C S C L N P U H E O C A T A E S
P Y J E O W K E B D C O O S Z H T G E P
I K P X R C J C N S N F R A I P I N E R
T R L N A B K Y A I L A U E D C A I A E
H I A R T I F I C I A L T S F C S V E S
N V S O I Z I L N I F E Y S Y I S I Q E
W U T C O D H W N G C G J D E Y N G I N
S Q I P N E C U R P S N N Y O E O O V T
C G C O S T H G I L S A M T S I R H C S
G J A P X R E B M E C E D L M I R T M V

ANGEL
ARTIFICIAL
BRANCHES
BULBS
CANDLES
CANDY CANES
CELEBRATION
CHILDREN
CHRISTMAS LIGHTS
CONIFEROUS TREE
CUT
DECEMBER
DECORATIONS
EVERGREEN
FAKE
FAMILY
FARM
FIR
FOREST
GARLAND
GIFTS
GIVING
HOLIDAYS
NEEDLES
ORNAMENTS
PINE
PLASTIC
POPCORN
PRESENTS
REAL
SANTA CLAUS
SEASON
SNOW
SPRUCE
STAR
STOCKINGS
SYMBOL
TINSEL
TOYS
TRADITIONAL
TREE SKIRT
TREE STAND
TRIM
WATER
WINTER

Solution on page 122

Goofy

B D Y D E M O C C A P P E A R A N C E C
L I T Q I S P O R T G O O F Y V Y S L O
D S A J P S P V K F O O G X A M U U P M
P N K B H M N Z J V O R O M M O M C U I
H E E L S U P E R G O O F F M S H O S C
S Y S I D I P P Y D A W G Y Y I A E R S
I L A U R H Q G Y C M K E Y L M I B F F
N A W R O F A O E A H K Y D F V O U N E
Y N A N I M A T E D C A R T O O N V O E
Q D L X E Z E M Y I A E R M B N O G I G
O L T S I P O I M S N R B A Y A O G S E
B U D T P O I N N P I N T O C O L V I G
P F I K M T O H A N I A K B F T S D V R
T H S E H S R W A G I W D Y A M E S E O
O S N O O T R A C T O M H Q L B I R L E
T A E K C U D D L A N O D I K D B M E G
U B Y R E T H G U A L I F I T D V I T P
L H C Z S R A E L L E B A R A L C J T Q
P E T E P D N R E P P O H S S A R G G T
V R G O O F T R O O P E M A G O E D I V

ANIMATED CARTOON
APPEARANCE
ARIZONA GOOF
ART BABBITT
BASHFUL
CARTOONS
CHILDREN
CLARABELLE
CLUMSY
COMEDY
COMICS
DAISY
DIPPY DAWG
DISNEY CHARACTER
DISNEYLAND
DONALD DUCK
EARS
FILMS
FRIEND
FUNNY
GAMES
GAWRSH
GEORGE GEEF
GOOF TROOP
GOOFY GOOF
GOOFY HOLLER
GOOFY MOVIE
GRASSHOPPER
HAT
LAUGHTER
MAX GOOF
MICKEY MOUSE
MINNIE MOUSE
MOVIES
PETE
PINTO COLVIG
PLUTO
SPORT GOOFY
SUPER GOOF
TELEVISION
VIDEO GAME
WALT DISNEY

Solution on page 122

Summer Fun in the Sun

AUGUST
BARBECUE
BASEBALL
BEACH
BOATING
CAMPING
FISHING
HAT
HOT
JULY
JUNE
LEISURE
LEMONADE
OCEAN
PERSPIRATION
PICNIC
POOL
POPSICLE
RELAX
ROLLER SKATING
SAND
SKATEBOARDING
SNORKELING
SNOW CONES
SOCCER
SPRINKLERS
SUNGLASSES
SWIMMING
SWING SET
TAN
UMBRELLA
VOLLEYBALL
WATER SKI
WATER SLIDE
WATERSPORTS

A U G N I T A O B Y N G R B X F F Y F L
U Y O B I O L A L E M O N A D E I R L T
X B N D S H R U X M Z V X S O F S T S Q
I K D P A B J P K D N A S E W G H S A K
V O L L E Y B A L L L E M B A N I U U E
T T I C B R O L L E R S K A T I N G N E
P U U I B B S B R O Y H C L E D G U X W
D E T B S S X P A F M M H L R R J A W K
T O X C E S P R I N K L E R S A P Y C F
F H T G N I L E K R O N S I P O B C G C
J D U X O S C S D B A E Y C O B C J K H
Z J V M C W Z Z S I S T R L R E I E O T
B Z J O W I E E Y S L F I A T T K V A A
N G S F O M X L A G D S H O S A S H L N
K R O R N M E L C N C N R P N K R L A I
M F C U S I G S W I N G S E T S E T D B
Q Z C K S N M N N P S B H Y T R T V J Q
B T E U U G X C U M C P Q L B A A S I E
J Q R S M Q I H C A E B O M H J W G G E
J E X G A P A D S C A F U P I N C Z W F

Solution on page 122

Dolphins

R J C G O V C R I S F G S N H U I U X W
R L K Q S K M G T U W N R Y R W U A T F
D B E O J Q E L N I O I Y E Q P B L N H
X R N M C C U D A I O P M H Y S A R E E
E A W N C F E B E R D M M M O M I G G P
R J W B Y R C D C E T U C C I W N F I M
O S Y A W I H A O D G J I N K N K E L A
V J L A D S O B V P T A A T J O G C L Y
I P T A E I L S D E L P H I N I D A E L
N E O V M O O N E S O N E L T T O B T S
R U L R W M C F W A V E S E L A H W N T
A A F H P E A I L E T S A F S Z X F I H
C J O B B O T M I I E M K H R I G R S K
S L C O T V I V E L A H W R E L L I K A
E B T R M U O S T N Q T C V P A F E C Y
K H T S I M N S E I I M S J P C P N I Y
U F N X W B I A Q S O R E V I O D D L L
L I L O O H C S W U C I A K L V L L C Z
F Z J L W N A Y S U I Q V M F C P Y Q Q
S U I P I X Z J A C U D P U P B Z I Z V

ANIMAL
BLOWHOLE
BOTTLENOSE
CALVES
CARNIVORE
CLICKS
CUTE
DELPHINIDAE
ECHOLOCATION
FAST
FINS
FISH
FLIPPERS
FLUKE
FRIENDLY
FUN
GREY
INTELLIGENT
JUMPING
KILLER WHALE
MARINE MAMMALS
MOVIE
OCEAN
ORCA
PLAYFUL
PORPOISES
SCHOOL
SEA
SOCIAL
SONAR
SQUID
SWIMMING
TAIL
TUNA
UNDERWATER
VOCALIZATION
WAVES
WHALES
WHISTLES

Solution on page 122

Home Gardening

A P O M D L V H M J O S Y L E W Z M T H
L L N C S Q V J P V P O G K X M Z W Z E
T Q T Z W N S T T E R R A C E V N E F C
D P G L G A M O T T G R P L I N E B P L
V X I W C D T S R S G D Y I B Y O O T I
H A J I N S A E P A B M M P U X X T Q T
Q K P A O W L R R E R U T P L U C S S W
D J C X S K E D R I L X Y E S X Y R C D
B S R E N A E U C C N A A R D T C T F Q
U U A I D N T O H T M G B S A F H D R X
R P R E Z I L I T R E F L P L I W G U E
H P R C N O L G A Z E B O O R Q P L I S
S Q E R R S J I M C S M W U H U D O T L
P R U F A I D O N I G E E I N O N V T F
A F U L S N W E P A R T R D V T U E E S
D L Z R O I F V E H A T S Q G I A S R G
E R R P N O K R O W S E T D L E N I E K
C O A O H P P S E J S U O T E A R E N F
N G H Y R S G F B O I N B R L E W N C R
V U A Y P D C I R P U M T P R S S N Y I

BLOWER
BUSH
CLIPPERS
COLORFUL
DECK
EDGER
FENCE
FERTILIZER
FLOWER
FOUNTAIN
FRUIT
FURNITURE
GARDEN
GAZEBO
GLOVES
GRASS
HOUSE
LAWN
LIGHTS
MOW
MULCH
PLANS
POND
POOL
PRUNER
RAKE
ROSES
SAWS
SCULPTURE
SEEDS
SHRUB
SPADE
SPREADER
SPRINKLER
STEPS
STONE
TERRACE
TOPIARY
TREE
TRIM
VINE
WATERING
WEEDS
WORK
YARD

Solution on page 122

Care Bears

M O V I E S U F L O B M Y S Y M M U T P
R A L U P O P A R K E R B R O T H E R S
O G S G N I T E E R G N A C I R E M A X
S T R A I N B O W S E G D A B Y L L E B
J R I U S A B E A N I E B A B I E S H E
F A S S M R N R C O L O R S R C N D D V
U E T N C P A A T S H P A Y A H A R L O
N H U O H C Y E V S O Z E L E E K A O L
S E F O A H T B B L T F B T B E U C C G
H U F T R I V Y E Y E A T S H R C G R C
I R E R A L S A Q A D N R A S B H N O A
N T D A C D H D T O R D A E I E A I S R
E K A C T R O H S Y R R E B W A R T S I
B E N D E E W T K I D S H T A R I E E N
E N I O R N R R A E B E R A H S K E F G
A N M L S F R I E N D B E A R S H R O M
R E A L R A E B K C U L D O O G U G R E
M R L S L L I M L A R E N E G H N L P T
T I S E O D Y S P O O H E A R T S J P E
R A E B Y S P O O B E D T I M E B E A R

AMERICAN GREETINGS
BEANIE BABIES
BEASTLY
BEDTIME BEAR
BELLY BADGES
BIRTHDAY BEAR
CARING METER
CARTOONS
CHARACTERS
CHEER BEAR
CHILDREN
COLORS
DOLLS
ELENA KUCHARIK
FRIEND BEAR
FUNSHINE BEAR
GENERAL MILLS
GOOD LUCK BEAR
GREETING CARDS
GRUMPY BEAR
HEARTS
KENNER
KIDS
LOVE
MOVIES
NELVANA
OOPSY BEAR
OOPSY DOES IT
PARKER BROTHERS
PLUSH TEDDY BEARS
POPULAR
PROFESSOR COLDHEART
RAINBOWS
SHARE BEAR
SOFT
STARE
STRAWBERRY SHORTCAKE
STUFFED ANIMALS
TENDERHEART BEAR
TRUE HEART
TUMMY SYMBOL
TV SHOW
WISH BEAR

Solution on page 122

At the Ball

Q P P H S O B E H O J V V Z P T V J L O
K T A U D R C C A L O W A I O G V A M N
N T N I X D D T N A G E L E N P U J G T
A L L E R E D N I C W U E E A G J V E M
S I T I M S F D A A F L T P H B F T E H
W T N Z H N C E L E B R A T I O N T U S
A K R K N N I T C Y V S E R Z I I W E T
G K X I N W Z A H E N R U J U Q Z I C A
V I L E N O R C T O T O M Q U G R R N P
O F L O D G I I I R M A I E Y A U L A B
G F M E P R S T L Z E J T L T M E A D M
N Z X A Z S A S A D A T E I L N A D N D
A U R C N R C I I T E C N S S I R S Y I
T T A R O S Y H C P I G C E D F T G K N
Y R R C G G I P O I I V M S A N S O I S
K C E M C H P O S D S B N N P E E G C B
D D P N F U D S N H L J C I P A H I S W
Y N O G N Q Z R O E S Y V J E T C I R O
B A Q C C I S U M R F L O O R U R V R F
C B H E G H D O O F N I P I A N O U K D

BAND
CELEBRATION
CINDERELLA
COTILLION
DANCE
DAPPER
DATE
DECORATIONS
DIGNITARIES
DINNER
DRINK
EAT
ELEGANT
ENSEMBLE
ENTERTAINMENT
ETIQUETTE
FANCY
FLOOR
FOOD
FRIENDS
GOWN
GRACEFUL
INAUGURAL
INVITATION
LAUGHTER
MANSION
MASKS
MUSIC
NIGHT
OPERA
ORCHESTRA
PAIRS
PARTY
PIANO
POLKA
PUNCH
QUINTET
SOCIAL
SOPHISTICATED
STRINGS
TANGO
TUXEDO
TWIRL
VALET
WALTZ

Solution on page 123

Making Beer

M G I G W K T D Q P H C W O V S S P O H
O A T E S A Y E A S T R H L E M A R A C
L U A P H B R R H E E I N F U S I O N R
L K U K Z Y V C E C M B P R T X I W K N
W F C Y Y E D A E W M L L E M S T A E P
H L E O T O O R B D E L U T G R A I N S
Y T S R L G H B O O B R C A S K D R Z I
X A E T M R I O V M I D B W A V M X Y W
F Q A T E E I N S Z E L I O V E T Z M D
W H E W L E N A A L T T R V R T D Q E C
S K E A S V P T L R S O E C J C M Z S F
T T Z A G S I I U Y A P P R L S I Y P F
H A R T T O T O N C T T P P F D G M Z B
W V R O N S S N N G T Z O K I J S O R C
R E U T I K W E R B L H C X L S W E E T
A T P D R E B M A I O C O B T L I A G E
L W F I A K U R Q T N T A K E G R F A A
K L L A C I L U Q T I A T H R O V A L F
S U G A R E I G C E W B Y L M A S H G H
I H D E Y D R W O R D S G A E I W W W K

AIR LOCK
ALE
AMBER
AROMA
BARLEY
BATCH
BITTER
BOIL
BOTTLE
BREW KIT
CARAMEL
CARBONATION
CASK
COPPER
DISTILLED
DRAFT
ENZYMES
FERMENT
FILTER
FLAVOR
GRAIN
HEAT
HOPS
HYDROMETER
INFUSION
KEG
LAGER
LIQUID
MASH
MEAD
MICROBREWERY
OXIDIZED
PASTEURIZATION
POT
RECIPE
SMELL
SOUR
STEEPING
STOUT
SUGAR
SWEET
TART
TASTE
WATER
YEAST

Solution on page 123

Health Club

S R C S D I E Z W K B R S E B D I J R W
K H Y P O A G S Q L G N E G O N B I K L
I M O S J G N A K F R T D C U J Y O G A
H J C W L V I U A M M U I S A N M Y G C
Z M N E E L N C A S R E N I A R T I F I
F Z F I Q R I T M S T Z M A M Z J M N T
X H I G P L A M U V N E J B E I K S R P
A V O H I K R G D O M E A F E L T W U I
A C G T L W T D N A K H X M E R C J E L
N Z Y S A V W W C I E R T E U E S S Q L
A N Z C T S A H E I W R O C R L S H U E
N Z M D E G I D H A K O T W L C W X I M
L Y K P S N H S C I B O R E A E I A P P
W N L X E K T S X G R L B L S F M S M D
R E D S S L L E B R A B C L T O M L E S
X T K E H O A N V O M E Y N R I I O N R
F F K Y K O E T B U Z H C E O D N O T I
T I S K O U H I D P B V L S P R G P Z E
B Z N J T S O F D Z V S E S S A L C A I
V G N T P L N J R X M I E G W C C H T U

AEROBICS
BARBELLS
BIKES
CARDIO
CLASSES
CYCLE
DUMBBELLS
ELLIPTICAL
EQUIPMENT
EXERCISE
FACILITY
FEES
FITNESS
GROUP
GYMNASIUM
HEALTH
INSTRUCTOR
MACHINES
MEMBERSHIP
MUSCLE
PILATES
POOLS
ROWING
SAUNA
SHOWER
SPORTS
STEAM
SWIMMING
TRAINERS
TRAINING
TREADMILLS
WEIGHTS
WELLNESS
WORKOUT
YMCA
YOGA

Solution on page 123

Amusement Park

S L A V I N R A C B S K N S F Y V K I C
G A M E S N E D R A G E R U S A E L P I
B U M P E R C A R S B P V A U H L N O S
C R O W D S H L H P R F A X P C O F O U
Y P S Q I N A E O E O V H D E E A W P M
L F A C R O R S T O L A U N M M M E S G
Y B C E L I A U D P L B T A I T H E C N
G Y T D L S C O O L E E G L S M W B H I
Z W I A I S T R G E R I Y S K A L D I T
N U V R R I E A S T C N T I R T E N L I
O G I P H M R C A K O D S Y A T E U D C
S J T O T D S I I I A N E E P R H O R X
T F I I E A N N T A S A D N R A W R E E
E U E N Q M G I W E T L I O E C S G N N
K N S T E D S R N P E Y R C T T I Y M I
C F P N O O W I Z D R E R A A I R A I S
I A T M P B L X D I S N E Y W O R L D I
T I P X S G A L F X I S T Z L N E P W U
X R E C R E A T I O N I A R T S F N A C
J S G N I K R A P A H D W W I A X G Y W

ACTIVITIES
ADMISSION
ATTRACTIONS
BUMPER CARS
CARNIVALS
CAROUSEL
CEDAR POINT
CHARACTERS
CHILDREN
CONEY ISLAND
CROWDS
CUISINE
DISNEY WORLD
DISNEYLAND
ENTERTAINMENT
EXCITING
EXPOSITION
FAMILY
FERRIS WHEEL
FOOD
FUNFAIRS
GAMES
HOT DOGS
LINES
MAGIC KINGDOM
MIDWAY
MONEY
MUSIC
PARKING
PEOPLE
PLAYGROUND
PLEASURE GARDENS
RECREATION
ROLLER COASTERS
SHOWS
SIX FLAGS
THEME PARK
THRILL RIDES
TICKETS
TRAIN
VAUXHALL GARDENS
WATER PARKS
WATER RIDES

Solution on page 123

Really Great

F D T O S U P R E M E L G A S N F X Y J
I O Q P R E M I U M S E E D U O A S U Y
N O Y T I L A U Q M F A C M R T B Z V X
E G N I D N A T S T U O F I P A U E W P
S I G M K E I N C O M P A R A B L E S D
T U P A C S H I N I N G C A S L O V M T
J T P L R H G S S U R V C B S E U I S D
M E N E L B A R I S E D O L I R S T T O
T E L E R T G M E U O V M E N W T C L H
I Y R B C L C P P A G B P A G R R N R C
P R E I A I A E G I T N L X A N I I O I
T A N P T U F T L R O E I N Q O K T I F
O L N F N O L I I E L N S T K B I S R I
P P A Q L G R A N V S C H T S B N I E R
N M B D G U B I V G E E E E R I G D P R
O E X C E P T I O N A L D Z J R D N U E
T X P E A C H Y D U I M F O R E M O S T
C E C H O I C E S T S M O S O U T R I V
H W M D I D N E L P S B R I L L I A N T
E X P E R T N E L L E C X E C B K E Y X

ACCOMPLISHED
ADMIRABLE
BANNER
BEST
BLUE RIBBON
BOSS
BRAG
BRILLIANT
CHAMPION
CHOICEST
DESIRABLE
DISTINCTIVE
DISTINGUISHED
EXCELLENT
EXCEPTIONAL
EXEMPLARY
EXPERT
FABULOUS
FINEST
FOREMOST
GOOD
GREATEST
INCOMPARABLE
INVALUABLE
MAGNIFICENT
MERITORIOUS
NOTABLE
OPTIMAL
OUTSTANDING
PEACHY
PREMIUM
QUALITY
SELECT
SHINING
SPLENDID
STRIKING
SUPERIOR
SUPERLATIVE
SUPREME
SURPASSING
TERRIFIC
TIPTOP
TOPNOTCH
TRANSCENDENT
VIRTUOSO

Solution on page 123

Mentors

D M T S E Q T D E I F I L A U Q O Y T O
T A R X U M K Y K N O W L E D G E T T F
H K E G W P P Z E C C J S T U D E N T A
U S P L S J E A I N R O R C I E A E Y D
F T X R M P Y R T F D A U S O D S I C V
Q H E U A R Z T V H D T C R I W E T I I
A A C T R C W N Q I E U B F A G O A W C
X U R A G O T O T X S T N J Z G R P B E
W O L L O F P I H S N O I T A L E R N D
N M T F R C O T C Q C R R C R Y H O C U
P P W E P N W A R E H T O M P A I Z E C
L U F S S E C C U S D B Y R E T I L O A
F Z P I N S P I R A T I O N A L P N F T
A B M I R O S N O P S F U R F I S R E O
T S T L L N E U R E E P A G C U I L F R
H R S D O R C M H S O P B S L E D R A K
E L L I B V V M S X E C I T N E R P P A
R O L E S N U O C R U D A D R D M U V Y
M D A G F T R C P Z G N I R U T R U N U
G I R F W V T C U R T S N I F P I E V D

ADVICE
APPRENTICE
ASSIST
COACH
COMMUNICATION
CONFIDANT
CONSULTANT
COUNSELOR
DISCIPLE
DISCUSS
EDUCATOR
ELDER
EMPATHETIC
ENCOURAGE
EXPERT
FATHER
FOLLOW
FRIEND
GUIDE
HEROES
IDOL
INSPIRATIONAL
INSTRUCT
KNOWLEDGE
LEAD
MOLD
MOTHER
NURTURING
PATIENT
PATRON
PEER
PRACTICE
PREPARATION
PROFESSOR
PROGRAMS
PUPIL
QUALIFIED
RELATIONSHIP
SPONSOR
STUDENT
SUCCESSFUL
SUPERVISOR
TRADITION
TRAINER
TUTOR

Solution on page 123

Yo-Yos

J R I O V M R O M Z Z Z N A C V J B Q O
Z Q G C S S O L X B S T S E T N O C F Z
N B S N E G U Y Y O U D V L A L O N R Z
L P I T I N N M T D O T C A J M M P E X
L I F W E P D I I F N X T T P O E O E Z
C K B I N R O Y R G S G N E R D L I H C
O E L X F E H O A T N N T M R I X P A I
F C M C I T S A L P S I J U B F A T N S
N G F A N U H Y U M T R P C L I L V D S
B K I W G R L D P I T A I E G E I Y S A
D Z W O E N B F O U D E X I E D G P U L
R K W O R H T N P W C B C B M L I B C C
C C B D Y L S E E N N L P H E N S A U A
V U T R G O D E H T K L A W N K E F L I
X J Q V B N M D U N C A N I I I L S T I
X R R N L Q I E P S X B N L V Z Q C U K
V T J C F N E Y G D Y G L B W I P U R I
N G S J Q E L C A A G O D R M S O U E D
Y S F Z K C H F F L R N T I T R I C K S
G P H K C F W U A O P I M I R F B Y C P

AXLE
BALL BEARING
BUTTERFLY
CHILDREN
CLASSIC
COMPETITIONS
CONTESTS
CULTURE
DOWN
DUNCAN
FAD
FINGER
FREEHAND
GAME
KIDS
LOOPING
METAL
MODIFIED
PLASTIC
PLAYING
POPULARITY
RETURN
ROLL
ROUND
SKILL
SLEEPING
SPINNING
STRING
TECHNIQUES
THROW
TOYS
TRICKS
WALK THE DOG
WOOD
YOMEGA

Solution on page 124

Staycations

W P L U Y L U G M Y E N O M K A F U I T
P H A F A L C X I D T W N K G R R D C N
H A O C T A E C N E I R E P X E G A R X
T E O M S B T R I S D T E V C S T X G G
S L U A E T N A M T R O P P E N J O Y A
G M F K E N E V A I R E G I O N E A R N
B L U M S I M O L N A R T C Q R V R N F
H U N E M A E H Q A A I Y R N I P E E S
F C B T S P S P D T V H E A S A T S T B
C L V R U U U S T I H C L I R K T I Z S
H O A O N U M R T O O E T K M I F D M M
O O C P O E A C U N O I S I V E L E T E
L P A O I C A I O B N R D A N E E S F H
I L T L T I B M G G B S L E E P I N G J
D A I I A N I N N E S S B H T A S P R U
A N O T E C S E I L I M A F R E U Z G S
Y N N A R I R G N I K I H R E H R C E E
S I E N C P S W I M M I N G L C E T O X
Q N R M E E G W D R A Y K C A B C X W B
R G Y O R A L U P O P Z H P X O H Y U V

ACTIVITIES
AMUSEMENT
ATTRACTIONS
BACKYARD
BENEFITS
CHEAP
CONTACT
DESTINATION
DINING OUT
ECONOMIC
ENJOY
EXPERIENCE
FAMILIES
FESTIVALS
FUN
HIKING
HOLIDAYS
HOME
LEISURE
LOCAL
METROPOLITAN
MINIMAL
MONEY
MUSEUMS
NEAR
PAINTBALL
PARKS
PICNIC
PLANNING
POOL
POPULAR
PORTMANTEAU
PROPERTY
RECREATION
REGION
RELAX
RESIDES
SLEEPING
STAY
SWIMMING
TELEVISION
TIME
VACATION
VISITING

Solution on page 124

Made of Cotton

H W J I D Z O G M S T E E H S B H W Z Q
R W E D K S X J R I Y L L I M R V O I V
L E B E R K A P A F B A K S Y E E A N C
Y R B B V E J Y F E G Y P T I A N B D C
J U M U O I S U Y G R L H O K T V T I P
C O D I R L L S W G N A V R F H F M A F
I W A M N F L A D M R I E Y A A T G N X
U S E N A E L C R V O R N W B B Z U O E
J Y R A W S D A E U W E I N R L Q L O O
Z J H O V P W S Q T T T C F I E L D D S
B S T E L I T X E T V A I T C P D D G S
J H S O H V N G S W W M N I H W S N O J
O B S R Q A R G R O G P A N T S G C U R
T Y J N O V A O O V F H G K V B K V E I
L Q K J W G Y L U T K T R I H S A T P K
U O Y Z S F S G Y Y C L O T H G I L K A
N V B E O E F M S S I R W S Z H A Y E K
W M O J A L O M O L P L O Y W N A W G M
W I Q A V I R G D Z H G R P T F I V S Y
Q Y D D Z B V Y A M W A G T J V B G M W

BALE
BOLL
BREATHABLE
CLEAN
CLOTH
CROP
DENIM
DRESS
EGYPTIAN
FABRIC
FARM
FIBER
FIELD
FLUFFY
GIN
GROW
HARVEST
HISTORY
INDIA
KNIT
LIGHT
MATERIAL
MILL
NATURAL
ORGANIC
PANTS
PICK
PLANT
SEW
SHEETS
SHIRT
SOCKS
SOFT
SOUTH
SPINNING
TEXTILE
THREAD
TOWELS
UNDERWEAR
WARM
WEAVING
WEEVIL
WHITE
WOOL
YARN

Solution on page 124

Go Bowling

O J H E W S N R R X A V J E C B W J K A
U R B K M Y H P O E A H V V L B T R S Q
Y V M R Q I P M A G A R G Q A F Y L Y X
V Y H A Z F G Q M F B D E R O L L M O O
D Z L F E O R M K R R U N L N G U A I L
U L B I Q T V C L I G L I U L G B A P A
W Y V P A U A O N A F L P O I N T W I L
J F W A W R H K E S N G V F B U H A N P
J S N A C K S L A T N E R U V N P J X C
M S W K Q E R N F W T Z E N R U T E R M
Y T H A E Y E E P R X I M T E K C O P R
E U O N C D P A C I D N A H T J Z F B P
V Q T H Y W M F K S E L R M T O I E L M
Z Z V U S E U J R T G L F L U N O K W Q
B Z I J P P B E D G O X B A G D V I S E
V L T D S I L D O U B L E E D A C R A M
F E B J Z W R I N A V E R A G E J T U A
W A E R O C S G T R V S D R A O B S U G
H Q O B R E E H C D A N A P S K I D L L
A U P F H M T V N F T C N Q V C N M R A

ARCADE
AVERAGE
BAG
BOARDS
BOWLERS
BUMPERS
CHEER
DOUBLE
DRINKS
FINGERS
FOUL
FRAME
FUN
GAME
GLOVE
GRIP
GUTTER
HANDICAP
LANE
LEAGUE
LOFT
LOUNGE
MUSIC
PIN
POCKET
POINT
RACK
RAIL
RENTALS
RETURN
ROLL
SCORE
SHOT
SKID
SNACKS
SPAN
SPLIT
STRIKE
TEAM
TURKEY
WRIST GUARD

Solution on page 124

Wedding Ceremony

G Q N G C P H D A N C E M A R R I A G E
T C F O R E R O N O I T P E C E R I E C
Y L O G I E R O N U N F A V O R S T P A
I Y D R B S H E P E B O U Q U E T I H E
H N E E S O S S M O Y R G N P W F N O P
Z Z X E D A W E U O S M E D L O I V T E
C P U R Z A G T C H N A O M E H G I O H
X R T K E A O E I O P Y L O M S O T G T
H E I T G N M S K E R B M Y N U V A R F
R H I N N O N D L Q G P V T O C C T A O
E E E I O E D I T P U Z L R H J F I P E
R A E R S T N A D N E T T A R O N O H C
A R G M G J A M F I S G P P D Z S N E I
E S L R N N G S I D T E S G C I E Y R T
B A T W I G R E A N L R J N A H R U E S
G L O I D B O D N S I O K I T G U B K U
N G S I D F L I C C S S I D E I T R A J
I N V R E M N R E J T F T D R E C J C X
R W V O W S Y B D F L O W E R G I R L H
E G I E Q V B W V K X P K W R Q P R U H

BOUQUET
BOUTONNIERE
BOW TIE
BRIDAL PROCESSION
BRIDESMAIDS
CAKE
CATER
CEREMONY
CHAPEL
CHURCH
CORSAGE
COUPLE
CUMMERBUND
DANCE
DINNER
ENGAGEMENT
FAVORS
FIANCE
FLOWER GIRL
GIFTS
GOWN
GROOM
GUEST LIST
HONEYMOON
HONOR ATTENDANTS
INVITATION
JUSTICE OF THE PEACE
MARRIAGE
MINISTER
ORGAN
PHOTOGRAPHER
PICTURES
PROPOSAL
RECEPTION
REHEARSAL
RICE
RING BEARER
SHOWER
TUXEDO
USHER
VOWS
WEDDING PARTY
WEDDING SONG

Solution on page 124

Looney Tunes

G R L N O O T R A C D E T A M I N A Q Y
I A G W A D D R A Y N R A B E H T Q D U
P B Y S E I D O L E M E I R R E M O S F
Y B F G S T T D A F F Y D U C K L E Y F
K I D S P A A R A U D I E N C E I O O C
R T T Y E S C I A C S I O I M N S G A C
O E H D E M Y B E M P T M W O E H R S O
P L A D D A S Y G O E O O H M O T R A Y
P M T U Y N S T R V C H P I R O E E N O
C E S B G I U E A I S M T N O T C N I T
N R A U O A P E N E Y E L N C H I N M E
A F L G N N E W N S S E S A I C A U A L
L U L S Z D P T Y A G E R L K V S R T E
B D F B A E O L M H R A D E S I R D E V
L D O U L V L V O I H R L Q C Z O A D I
E R L N E I E R E C E O C K E S U O M S
M A K N S L N S Y N D I C A T E D R O I
F W S Y L V E S T E R T H E C A T I V O
M A J E C A P S O R B R E N R A W S I N
P O P U L A R N O I T C E L L O C F E M

ANIMATED CARTOON
ANIMATED MOVIE
AUDIENCE
AWARD
BUDDY
BUGS BUNNY
CARTOON SERIES
CHARACTERS
CHILDREN
COLLECTION
COMIC
COYOTE
DAFFY DUCK
ELMER FUDD
FOGHORN LEGHORN
GRANNY
KIDS
MARVIN THE MARTIAN
MEL BLANC
MELODY
MERRIE MELODIES
MOUSE
MOVIES
MUSIC
NICKELODEON
NOTE
PENELOPE PUSSYCAT
POPULAR
PORKY PIG
RABBIT
ROAD RUNNER
SHOW
SILLY SYMPHONIES
SPACE JAM
SPEEDY GONZALES
SYLVESTER THE CAT
SYNDICATED
TASMANIAN DEVIL
TELEVISION
THATS ALL FOLKS
THE BARNYARD DAWG
TWEETY BIRD
WARNER BROS
YOSEMITE SAM

Solution on page 124

Candy

D I D S E I D N A C R U O S E P G S S Q
Z F W N R Z U Z R Y X S W N I Z S E N B
W Y J Q N A S G N I R O V A L F X L A S
A I G N P G B U P A L O K K G I F T E P
C S M B H C T R E L Y K T J C V G T B O
S L L F D S A B A D H D A C A A A I Y R
V O H J W L I M N C O O N Y A L N K L D
P L E L I M H A U O S Y R A O F E S L M
U L S N M S C C T T E E B C C U N E E U
R I E U R R W A B T N Z O T T D E V J G
Q P G A A P S V R O A H I Q U G R G V P
E O M G P E R I I N C O T L P E G A U I
E P U Y I P A T T C Y X S I E T Y R H L
F S T F W P C I T A D X I S D M Y K U R
F R F V M E B E L N N D T T W S A L Q O
O A O P F R H S E D A R N E W T O R Y R
T P S N P M U C O Y C N E E W O L L A H
Z D O E C I R O C I L J D W S R O L O C
P C F Y D N A C K C O R B S T E E T H X
A S K C I T S V N T P H I Q V K X A U Q

BARS
CANDY CANES
CARAMELIZE
CAVITIES
CHEWY
CHOCOLATES
COLORS
CONFECTIONERY
COTTON CANDY
DENTIST
ENERGY
FACTORY
FLAVORINGS
FUDGE
GIFT
GUMDROPS
GUMMI BEARS
HALLOWEEN
HARD CANDY
JELLYBEANS
LICORICE
LOLLIPOPS
MARSHMALLOWS
NUTS
PEANUT BRITTLE
PEPPERMINT
PRALINE
ROCK CANDY
SKITTLES
SNACK
SOFT
SOUR CANDIES
STICKS
STORE
SUGAR CANDY
SWEETS
SYRUP
TAFFIES
TEETH
TOFFEE

Solution on page 125

Bubbles

T Q H Q X Y A L S J D N K E O P Z D Q D
H W O Q R X R C I U N E V V W I C W H C
P Q A Z M I J T U V R J U T J Z Y H S I
H G D S R J V X L M J R E T S I L B P R
E J B M U E G S V I K E N G A P M A H C
U J D U E D V N Y W B E L F C M I C E L
L W T R W H S I F S C S U I O P T N R E
X Z H T O R F N T S I K M Z G A W F E S
J E S F L T K L E C C Z S Z C A H P U P
P F N G B Z R D O O E X E H Y B R M L N
O V U P L M I D L A W T L S G U M F W Y
Y W W C A R B O N A T I O N X E R M P J
O Z E Z I R R N D B T L N R R E T A W X
C Q Q X D S T E O J U S A D P P R O I Z
Z B P F O W X Y D T U R B T O W T F C R
W A N D P V M B I C U S S P H K O K J L
Z J A A P Q G O U R C B A T H E J D M A
D D Q R U T N I Q V M O X G I U R C H J
P L W Z Z G W L I L S V D S G S X G M R
N S Z A D W T P L A Y G D K L B V D X G

AIR
BATH
BLISTER
BLOW
BOIL
BURST
CARBONATION
CATCH
CHAMPAGNE
CIRCLES
COLORS
FISH
FIZZ
FLOAT
FOAM
FRAGILE
FROTH
FUN
GAS
GUM
IRIDESCENT
LATHER
LIQUID
PARTY
PLAY
POP
PROTECTIVE
SIZES
SOAP
SODA
SOLUTION
SPHERE
SPIN
SUDS
SUMMER
SWIM
WAND
WATER
WIND
WRAP

Solution on page 125

Marching in the Parade

X S R L I R B L Q R V X U Y N P M P D L
Q P E F L A G S P E C T A T O R S I I S
T O D G K B A S N W O L C L N E G N T I
K N A N D W E D K L A W I O S N E A T N
G S E L A U O Q W V I C C R I E B P E G
Q O L R A R J O I L E G O T M O Z X F Y
M R D N S H R T C C O H A S R S B Y N K
U S A G P Y S V A H P R O C E S S I O N
S S N O N E A R A T I D A N C E R S C Y
I R E A F I S D A E Y L P O N I E S A X
C A E X I M V K S M Y A D I E R R D O C
H X S T U C O I S R D A G R G G L C O S
Y M A R C H I N G B A N D S E A L L U L
N Y D U D A O T A S E E A I I N O W D S
L R F V M T R L I E K C Y R L R N W T T
Q C L X A N L A R L B N O W G O E A U R
B B O B F O K I H P O M A U E T H V B E
B A A V O P F J Z C E P A H U N L E J E
F C T N H E L I U M T R F O T Q K N A T
T J S H W I G R A N D P R I Z E B C T D

ACROBATS
AWARDS
BALLOONS
BATONS
CHARACTERS
CHILDREN
CIRCUS
CLOWNS
COLOR GUARD
CONFETTI
DANCERS
DIGNITARIES
DRUMS
FESTIVAL
FIRE ENGINES
FLAGS
FLOATS
GRAND MARSHAL
GRAND PRIZE
HATS
HELIUM
HOLIDAY
HORSES
JUDGES
LEADER
LINE
MARCHING BANDS
MEMORIAL DAY
MUSIC
NEW YEAR'S DAY
POLICE CARS
POLITICIANS
PONIES
PROCESSION
ROUTE
SING
SPECTATORS
SPONSORS
STREET
THANKSGIVING
VENDORS
WALK
WAVE

Solution on page 125

Karaoke Fun

U W T Y S J N S F H S B U A X Y T O N U
I U E N U T G H M Z U N S K M R A T O U
N W U D I W A I Q L Y R I C S A A A K U
T F D D D V R G C K D P U O R G T L F T
Y N X E D I T L E Q U I P M E N T E D O
R T D C W G N I H C N Y S P I L C N U P
N O R N H M E G R K E G L E V N B T V R
T C O A S S M M E K C M N T E A W I D I
M C C M P U N C A O F N P I R P X E B Z
Z N K R U B I R U C G G D T S A N V P E
W K S O U O A N A F H U N I Y J E I M S
W A S F V O T D R L A I J O A T E T U S
Y R P R K R R I E H U M N N S X R C S P
U U U E Y I E M E Z Q P E E E N C A I E
L R B P N N T G A A P W O R D S S R C A
Z O L K D B N O M I C R O P H O N E T K
X N I S M U E L B T S C O N T E S T C E
R N C C O D L O D R O A D P Y M E N Q R
G Z D L I T A S Y I J L Q S O A A I X S
V Q M V J W J Q H E M D T Z K G M M Q C

AMATEUR
ASIA
AUDIENCE
BAR
CDS
CLUB
COMPETITION
CONTEST
COUNTRY
DRINKING
DUET
EMPTY TRACK
ENTERTAINMENT
EQUIPMENT
FRIENDS
FUN
GAME
GROUP
INTERACTIVE
JAPAN
KARAOKE BOX
LIP-SYNCHING
LOUNGE
LYRICS
MACHINE
MICROPHONE
MUSIC
PARTY
PERFORMANCE
POPULAR
PRIZES
PUBLIC
ROCK
SCREEN
SING
SOLO
SONG
SPEAKERS
STAGE
TALENT
VIDEO
VOICE
WEDDING
WORDS

Solution on page 125

State Fair

S D O O G D E K A B B S E C A R R Y K E
T X R H H A N D I C R A F T S E A C L D
A C I T F I L R I A H C J G M W O A F I
O E D V S N O W C O N E S A D T V R D R
B R E D I L S R E T A W T I S I S O A Y
E U P E N T E R T A I N M E N T T U E K
L T A G L P O H S N O R V R U M U S L S
D L S B M P S Y G I A I A F P W N E R N
D U S U A K O S L F L C F E P I A L I O
A C B R E T S A O C R E L L O R E O H I
P I N K L E M O N A D E G A T S P I W T
E R K R F A C E P A I N T I N G D O A I
X G R J S S O T N I O C P R I Z E S T T
H A B L U E R I B B O N G A U L T N L E
I E C I S U M P S W I N G I N G S H I P
B D J S M A E S U O H D E T N U A H T M
I A H J L A Y S N O I S S E C N O C X O
T C S S B M J R L E E H W S I R R E F C
S R E L G G U J S E R U T C I P V B G M
D A N C E R S T E K C I T F P Z N W K E

AGRICULTURE
ARCADE
BAKED GOODS
BLUE RIBBON
BUMPER CARS
CARNIVAL
CAROUSEL
CHAIRLIFT
COIN TOSS
COMPETITIONS
CONCESSIONS
DANCERS
ENTERTAINMENT
EXHIBITS
FACE PAINTING
FARM
FERRIS WHEEL
HANDICRAFTS
HAUNTED HOUSE
JUGGLERS
LION TAMER
LIVESTOCK
MIDWAY
MUSIC
PADDLE BOATS
PICTURES
PINK LEMONADE
PRIZES
RACES
RIDE PASS
ROASTED PEANUTS
ROLLER COASTER
SKY RIDE
SNOW CONES
STAGE
STUFFED ANIMALS
SWINGING SHIP
SWINGS
TICKETS
TILT-A-WHIRL
TOYS
WATER SLIDE

Solution on page 125

Stuffed Bears

R L M W K Q J E V U S S Y U B L A C K F
X P H B R T B F N E D A S J G L N S E F
E P Z Q V R F C Y I U I A B F C I S T O
D P R M O J O E K Y T Q G F E U M Y G F
A X D W J R C O M P A N I O N N A Y B I
L H N T D P L U S H D E E T C E L L O C
L T C U F W N P S E T O Z L N Q P D K E
X N R E V O E E L S V D V A A A Q B I O
P O P F B C S T U F F E D E M V H D S V
Y S S U I L R I P O P U L A R F Z O Y Z
B E S A E N K H K J D D H T B M A K O A
A Q L E Y P C W W A L O V E R T O N T P
B R P N F E H T F I G H D O H O Y N H I
N U U G M X I Z H D N U G L S Q F H T C
C Q H W N M N C U B T N W V T R V M K N
T U R R L V U Y D N L G I R I J A N O I
H A G M M I Z P W D I M U E S U M E O C
U E R G K B J T M G F F N H N U J Z Q R
N Y C F Z L N P L A Y D D E T E C L L G
W F J S F T O E O G A T C X Q H L T X R

ANIMAL
ANTIQUE
BABY
BED
BLACK
BROWN
CHILD
COLLECT
COMFORT
COMPANION
CORDUROY
CUB
EARS
EYES
FRIEND
FUR
GIFT
GUND
HUG
KIDS
LOVE
MUSEUM
NOSE
PICNIC
PLAY
PLUSH
POOH
POPULAR
ROOSEVELT
SLEEP
SOFT
SPECIAL
STEIFF
STUFFED
TEDDY
TOY
VALENTINE
VERMONT
WHITE
WINNIE

Solution on page 125

Baking Bread

V R J D U J D F E L M L Y C Y Y X L A R
W R P Y G A N E T U L G U W E B N F W Y
D P K L P W D P N C K T Y A N S W H I N
N T J Y P T M P R E H I S T O R I C A O
L I O C C C R P N G V T I E M T N A W Y
A A S A L T A E U S W A L R E A N R S S
G K L I M B W O T M E D E C I L S B W T
U U T D A G D T R R P V J L R N O O F E
Z W N M C R R S I E A E A T N V F H M M
W X O I U X B A T P T T R O E U T Y K K
P R R O Y M S O I Q I T S N L Q S D E A
A N S U U H H A O N L M U J I M A R B W
B K P R O T E I N P S P U B A C F A Z T
N A C H L L K E C D A R K C H M K T F X
E G Q C N N F N P Z W N H S C I A E Y R
H X A T I P E W E U O I H Q N B E S L Z
G A V F O X C J X A N M C G E O R G N H
Q U E S Q G I N D E D X K H R X B O G N
R R U B I U P M V D E U M R F N Y K W C
F K X I I N S L L O R G V N K N Z J G N

AROMA
BAKING
BREAKFAST
BROWN
BUTTER
CARBOHYDRATES
CRUMBS
DARK
EGG
FLOUR
FRENCH
GLUTEN
GRAINS
ITALIAN
JAM
KNEAD
KNIFE
LOAVES
MACHINE
MILK
MONEY
NAAN
NUTRITION
OIL
OVEN
PAN
PITA
PREHISTORIC
PROTEIN
PUMPERNICKEL
RAISIN
ROLLS
RYE
SALT
SANDWICH
SLICED
SOFT
SOURDOUGH
SPICE
STARTER
UNLEAVENED
WARM
WHITE
WONDER
YEAST

Solution on page 126

Silky

C V S H L M D E I N S E C T S K I R T S
U O F E Y M M W A W V L D H T O O M S D
L Q N K N E V O W Y C T D S I Z U A T A
Q K F H L I N G E R I E X P E N S I V E
N K Z W F O A P X U U H V M L I E I X R
D X M R M T P Y S X G D W H B J T S R H
T G P I A C A T E R P I L L A R S C E T
M F K G F L J Q I T N I G H T G O W N S
N D O S F V U N D E R W E A R O B E I N
T V Z S E A R P H B D A R L O D Y L O O
K J G H L L S Q O S H G D L F S K G M O
F M H I U U I H G P P N A E M W C L F C
W I T M R A T T I G N I H T O L C A D O
V Y B M D B G E X O R V N R C P B R R C
M J Y E V L V S X E N A M N R R E V H F
B Q Y R R E A Z T T T E Y T I S U A I L
C D X H U S S A V E U W W C S N O E L E
Q G Y U I X M U L B E R R Y T H G I L X
S Z L A B F U H E B S H E S U O L B U R
B D B M I L R L X A M C S A T I N G W G

ASIA
BLOUSE
CATERPILLARS
CHINESE
CLOTHING
COCOONS
COMFORTABLE
DRESS
DYED
EXPENSIVE
FABRIC
FASHION
FIBERS
INSECTS
JAPAN
KIMONO
LARVAE
LIGHT
LINGERIE
LUXURY
MATERIAL
MULBERRY
NIGHTGOWN
POPULAR
QUALITY
ROBE
SATIN
SCARF
SHEETS
SHIMMER
SILKWORM
SKIRT
SMOOTH
SOFT
SPINNING
SUIT
TEXTILES
TEXTURE
THREAD
TIES
TRADE
UNDERWEAR
VALUABLE
WEAVING
WOVEN

Solution on page 126

Classic TV Shows

B A T M A N P P E C I F F O E H T J D O
S G U N S M O K E F R A W D D E R D B Z
D E O D P E H H S S M T Q L B D S M C F
L K N O F J U S T I C E L E A G U E Z I
E A R O Z I Z A L Y X Q H G E L P E G W
F H I W B J R Y J Y P F C M O F E L T O
N N B D O T G E A S I Y E C K R R P H N
I Y C A R U Z R F M D K T E S I M U E D
E O F E Y A E E U L I V A N T Z A O X E
S H K D T K F P M L Y U L O O U N C F R
K W N J W H P E D I H W A R L M N D I Y
A R N L K E E A L L A B N O G A R D L E
E O C O T H E S O P R A N O S H S O E A
P T M S Z D T W I L I G H T Z O N E S R
N C H T Q N O S A M Y R R E P I O H A S
I O V S N Q A K R A P H T U O S Q T T C
W D U C K T A L E S J S T A R G A T E R
T J B F H J Y C U L E V O L I D H K N U
R E I S A R F L N N A V E N G E R S E B
L E G N A M A R U T U F A R S C A P E S

ANGEL
AVENGERS
BATMAN
BONES
COLUMBO
DEAD LIKE ME
DEADWOOD
DOCTOR WHO
DRAGON BALL
DUCKTALES
FAMILY GUY
FARSCAPE
FIREFLY
FRASIER
FUTURAMA
GUNSMOKE
I LOVE LUCY
JUSTICE LEAGUE
LOST
MONTY PYTHON
MUPPET SHOW
PERRY MASON
RAWHIDE
RED DWARF
SCRUBS
SEINFELD
SIX FEET UNDER
SNL
SOUTH PARK
STAR TREK
STARGATE
SUPERMAN
THE ODD COUPLE
THE OFFICE
THE SIMPSONS
THE SOPRANOS
THE X-FILES
TWILIGHT ZONE
TWIN PEAKS
WONDER YEARS

Solution on page 126

Jewelry

G L N E G D M V U E L G N A B S H K K P
G F E K S D N O M A I D C N R Y N I H S
X K G U U Y B U R V E R L P O E L K N A
D O D U S C T X T F A R C X O B B U O L
J I W Y S S W R A P A L V N C R L M A C
T X J F O L E W E J I G U N H H C T A W
E S A C M T D L I P E N D A N T D A Z T
N F I D T T D X K R D D A E B L X Q Y T
U K K I B N I M I C U D K F O L N D T O
H Z S R L G N N H S U O I G I L E R P I
A E A M B I G O N T O B F S L L E H S E
N W I C C S K Q O N N S T E R L I N G U
L T R U D E J E I E P N P N A T J W M K
U U M G R D M L T M M T E L E C A R B R
F O L O N A G L A N I E A C A M D A G W
J J L J C I Z V R R I C R E K T O N E C
P O F G T N T S O O I A N A B L I W M Y
C C M E Q L H T C D O O H B L L A N T X
E X P E N S I V E A T R A C B D V C U S
Q H X Q X J W M D S A S A P P H I R E M

ADORNMENT
AMBER
ANKLE
ART
BANGLE
BEAD
BLING
BOX
BRACELET
BROOCH
BUCKLES
CAMEO
CASE
CHAIN
CHOKER
CLASP
COLOR
COSTUME
CRAFT
DECORATION
DESIGN
DIAMOND
EMERALD
EXPENSIVE
GEM
GOLD
JEWEL
MEDICAL ALERT
NECKLACE
PENDANT
PIN
PLATINUM
RELIGIOUS
RING
RUBY
SAPPHIRE
SETTING
SHELLS
SHINY
STERLING
STONE
VALUABLE
WATCH
WEDDING
WOMEN

Solution on page 126

Tickled

F T E Q R Z N N T X H E C X S R W A T X
P F F I T X B X Q J V P G U E W S Q L S
W X R A O B I G H S I D E A F O O S E Y
R O M S I A D F M O H S C E C G H V G T
X Q H I G B D Q U R N T A I V D R X Y O
C Y E Z Z J G S N O I T A S N E S K P U
K C T B F F A L P O H L Y D N L C C L C
C R E R I B M S N E P S S E N I P P A H
V N E C K G E S R B D J S E N G K P Y J
F H F F E R T T F O S K J V O H U M O R
K A Q P L K I N R N J U O Y M T Z Y S E
U B P A K E C N Y D T L D S O E U E R W
P Y U E C I X A L I U O B T V D U U E Q
V G S B I R E I P N B A B I E S S E G C
H E G I T O H M T G J V T M M A S P N G
C Z L X P C R A H C T I X U E O R G I R
F B G I A A R N I K S G O L N J S G F O
J E H C M Y K N W N C Y P A T B G U C C
J B Z M Q S T N E R A P B T L L N Y T U
F P R P S B X S O K I Q G E E F Y Z H W

ARMPIT
BABIES
BODY
BONDING
CHILD
DELIGHTED
EXCITE
FEATHER
FEET
FINGERS
FUN
GAME
GIGGLE
HAPPINESS
HUMOR
INVOLUNTARY
ITCH
JOY
LAUGH
MOVEMENT
NECK
NERVES
NOSE
PARENTS
PLAY
PLEASURE
REACTION
REFLEX
RESPONSE
RIBS
SENSATION
SENSITIVE
SIDE
SKIN
SMILE
SOCIAL
STIMULATE
TICKLE
TOES
TOUCH

Solution on page 126

Hula

J G H Z Z K N B L K U Z F S T D M E L E
W H Y B D P H H Y P R E L I G I O U S L
U D A N C E R S E W S G L A N G U A G E
M R O S O K C O S T U M E S O X A K A L
S E E V D M H T I S W B G N I C N A D U
S N R F B N E V Y X O E R U T L U C C K
K T O I N E A R V S A N A U A A H X Y U
I J N S F L A L E I V T G L R U A Q R M
R V P E S A T C S C O E O S B T O O O I
T V R N M E G Z H I M R P S E I K A T U
S A J P L U L N O M N T N R L R U J S A
B T L K P E R F O R M A N C E S M B L M
M X N L U A U T O T I I I R C M U O R O
E A A F T G U Y S S H N M I G Y H F I F
A E P I D N A N E N I M X D A A U O G U
W L U A O L O N S E I E H Z E W L K Z D
O G G C T P Y N K S T N A H C R A I W G
V B O Y S L T R A D I T I O N S C H G H
Y C B J O N A C L O V J F O L O H A K S
E L E P Z T F Z J E E N C U M Q F K S W

ALOHA
ANKLET
AUANA
BARE FEET
BEACH
CELEBRATION
CEREMONY
CHANTS
COCONUT
COSTUMES
CULTURE
DANCERS
DANCING
ENTERTAINMENT
FESTIVALS
FIRE
GIRLS
GUITAR
HAWAIIAN ISLANDS
INSTRUMENTS
KAHIKO
KAHOLO
KUMU HULA
LAKA
LANGUAGE
LESSONS
LUAU
MAUI
MELE
OAHU
PELE
PERFORMANCES
POLYNESIANS
RELIGIOUS
RITUAL
ROYALTY
SACRED
SKIRTS
SONGS
STORY
TAPA
TONGA
TRADITIONS
UKULELE
VOLCANO

Solution on page 126

The Wonderful World of Disney

D P T O E N I A I N S B T H S E K K Y Q
U N C L E S C R O O G E E O R S C M E E
E E V I L Q U E E N S A K X A K U Q P Z
Y S E L U C R E H U T U C S C R D N O C
J U N G L E B O O K I T I E I A D O D P
S O P G A D B M W C N Y R L N P L I O G
K M Q L C M Y A V U K A C B D E A T M H
S Y G I U H L S X D E N Y I E M N A E H
E E R D T T N B O Y R D N D R E O M N A
B K U O T E O O T S B T I E E H D I G Z
A C M S E P W H A I E H M R L T N N N T
S I P Z M Y G U S A L E I C L K A A I I
T M Y U L I X F I D L B J N A K R Z D G
I W L L L O L S Y T H E L I O N K I N G
A A O Z A O A F T S Q A R E H P O G I E
N H Z T U T O I D U T S M H Y N S D F R
J U G N N O L E I R A T G T H U M P E R
B C D A G E V I L S T E P M O T H E R I
G E F T H O X D N A P R E T E P J V Y W
R E T T A H D A M K Y K Q V K E J G Z X

ANIMATION
ARIEL
BEAUTY AND THE BEAST
BUZZ LIGHTYEAR
CARS
CINDERELLA
DAISY DUCK
DONALD DUCK
DOPEY
DUEY
DUMBO
EVIL QUEEN
EVIL STEPMOTHER
FANTASIA
FINDING NEMO
FLOUNDER
GOOFY
GOPHER
GRUMPY
GUS
HERCULES
HOLLYWOOD
JIMINY CRICKET
JUNGLE BOOK
KANGA
MAD HATTER
MICKEY MOUSE
MULAN
PETER PAN
PLUTO
SEBASTIAN
SNEEZY
STUDIO
THE INCREDIBLES
THE LION KING
THE LITTLE MERMAID
THEME PARKS
THUMPER
TIGGER
TIMOTHY MOUSE
TINKER BELL
UNCLE SCROOGE
WALT

Solution on page 127

Fondue with Others

R X Z S I M B W S T N A R U A T S E R K
T W M R S T R A W B E R R I E S R Q A Q
X Y T R A P G E C I K M K S C U C Z S D
W B O X S O I L Z L J Z P E H T O R B O
J H W T S M X R N I A S K E W E R S L U
Y U H H E B O K I C T N F O R K N R U B
V S O L H R Z O A T S E U Q Y A S S B A
B O T S C M U D T D L S P M R H T O H I
I C K P W J R I N H W A F P M A A U A E
X Q A H I W X E U N D K M R A O R H R J
L O M N N A I Q O K R M S P Q R C A P E
D H C N E R F Q F O O W T N Y S H D Y N
Q L N A F M X L N O I O I L R S B I I I
H H E M R M A C W S O L C I E T R Q D P
X U J T F M O V S O J D K Q I E A Z T L
B J E W E J V E H W O S S U C B P E Q A
S C E C H V J M T T R C R I N Y W X Q C
L Z U P L A G D W V S F P D K L T Z W K
D A V P G F R U E K U E E O W F P S I Q
S A A M H L M H M N Z U E C T F A V L G

ALPINE
APPETIZER
BROTH
BURN
COMMUNAL
COOK
CORNSTARCH
DIP
EAT
FLAME
FOOD
FORK
FOUNTAIN
FRENCH
FRIENDS
FRUIT
FUN
HOT
KIRSCH
LIQUID
MELT
OIL
PARTY
POT
RECIPE
RESTAURANT
SAUCE
SET
SHARE
SKEWERS
SMOOTH
SPIRIT LAMP
STICKS
STRAWBERRIES
SWISS
TEMPERATURE
WARM
WINE

Solution on page 127

Doodling

Q Y G B Z D X Y K V I S U A L I N E S I
P E J D J W S E Z H J M D A O N P A D A
I L S N R E T T A P Y R A R O P M E T I
E B O R E D O M M N S E P A H S A T T E
E I E M O R H C O N O M X U C S E E L D
G S R R L R D A Y D R E A M S N L P Z T
A I E L U L S L S M S C I R T E M O E G
M V L A I G E Z I P J H W I P I W L A Q
I O D A B L I N L H E S O H S G E Y E H
K E D P N S L F E T C N O N K L A H C S
C H O N P O T U K L T N A R T I S T I C
I G T R A I I R S C E S G N I T E E M R
U H G E U R C T A T I C A G D K O W L I
Q R N P R I E S C C R T T M S I D Z I B
H E I A H X S N O I T A S R E V N O C B
L S W P T A U A W V F S T K O A P K N L
B A A U L A E X P R E S S I O N N N E E
K R R C B U L D T U C R A Y O N I I P J
G E D F H O F E D F R E E H A N D C N I
S N I G R A M X I H C A A W R I T I N G

ABSTRACT
ARTISTIC
ATTENTION
BOREDOM
CHALK
CHILDREN
CLASS
CONVERSATIONS
CRAYON
DAYDREAM
DRAWING
ELECTRONIC
ERASER
EXPRESSION
FICTIONAL
FREEHAND
GEOMETRIC
GRAPHIC
IDEAS
ILLUSTRATION
IMAGE
LINES
MARGINS
MEANING
MEETINGS
MONOCHROME
PAPER
PATTERNS
PEN AND INK
PENCIL
QUICK
RANDOM
SCHOOL
SCRIBBLE
SHAPES
SIMPLE
SKETCH
STICK FIGURE
TELEPHONE
TEMPORARY
TEXTURES
TODDLER
VISIBLE
VISUAL
WRITING

Solution on page 127

Dance

G D R W A K P S J V C I S U M G H C Q Q
B H F D P G R K T O K F A D A N C E R S
F K W K A B Z E N U M N O I T O M P S O
J L N V D L Z T N G D I K R M A F Q K C
Q P U H S T E P B T B I L J M J U E A I
M M I N I S X W P E R F O R M A N C E A
P U R T T E P D A C A A F W R Z L H R L
Y C M V L N R T L K L N P E N Z Z O B I
O O O G A S E A H A T P A Y O P K R G N
X K O U T H S E N T E R T A I N M E N T
F F R Y Z S S O E X C I E S T H O O I E
W E L T I C I M O R H V S A I I V G W R
J E L C U T O G T M N L Q L T T E R S A
S A A Y I D N Q Z S I E E S E X M A O C
W L B D E A H H K N Q M G A P R E P M T
T D A R T K X I E R U V C E M D N H A I
R R N E Y Y L P O T E H L J O D T Y Q O
T U M N G L D H S K E N L X C Y S H U N
A P D D I S C O E R W S W K H Y O B E V
O Y N M J H C P B E L V D R Y D E L S G

BALLROOM
BEAT
BODY
BREAK
CHOREOGRAPHY
CLASSICAL
COMPETITION
CONTEST
COSTUME
DANCERS
DISCO
ENTERTAINMENT
EXPRESSION
FOLK
FORMAL
FUN
GENRE
HIP HOP
JAZZ
JIG
LINE
MODERN
MOTION
MOVEMENTS
MUSIC
PARTNER
PERFORMANCE
RHYTHM
SALSA
SKILL
SOCIAL INTERACTION
SQUARE
STEP
STUDIO
STYLES
SWING
TANGO
TEACHER
TECHNIQUE
TEMPO
TRADITIONAL
WALTZ

Solution on page 127

Roses

J W A C V G V I G E A Z U Y R I X B V Q
T G S K S T N A L P C T K C F M L G G D
D N Y C S G F I S D E N L R Z O Q C A B
S I K F I R D I N E K S A F O A T B R R
Y R D N U G O O G U E G O M X H V E D O
W P E B Z J Z L W S R S S R O E W A E Z
H S I W R Q E R O A U P O R W R T M N R
M Y J W O M N R N C T P N R F O F S R Q
U W B O F L D T A N A S W C D P L I O A
T S I R O L F W X H I H S L L E H L S N
Q E D G I E T R I B N B E I B S R O E G
S Z S W B D B P O A I D M M U Q R B N Y
P E B U R H S U M S M V U B A S W M I Y
W E I C G Y Q E D O A V F I U E N Y T Q
V K T C N U O J C S V C R N I Y T S N I
Y T U A E B X X N V S F E G L E A V E S
D D O T L P I N K I U G P A I Y W M L M
Z Y E F N S S C E N T Y A R E Z G O A E
U V K I V V M T R E E O A O P H V C V L
P W N I G Q S V N A K V Z X G E E A H L

BEAUTY
BLOOMS
BOUQUET
BUDS
BUSH
CLIMBING
COLORS
DOZEN
FLORIST
FLOWERS
FRAGRANT
GARDEN ROSE
GENUS ROSA
GIFT
GROW
HIPS
HYBRIDS
LEAVES
LOVE
MINIATURE
NAME
PERFUMES
PETALS
PINK
PLANTS
PRUNING
RED ROSE
ROMANCE
ROSACEAE
SCENT
SHRUB
SMELL
SPECIES
SPRING
SYMBOLISM
TEA
THORNS
VALENTINE
VARIETY
VASE
VINE
WILD ROSES
YELLOW ROSE

Solution on page 127

Roller Coasters

R D J I B A N T U O P S A R E T S I W T
I B L D W Y T I V A R G N I T I C X E H
A C C I D E N T S A P O P I O X E R R R
F S E L W R B L C F Z N I R I D E S C I
R C K N W O D E D I S P U R P T R O S L
K R A P T N E M E S U M A Y S O N G K L
X E J O H R S O U D Z Y T A T E R U R G
A A Q X W D I K I B V E O A Y N T D O Q
F M T W G O B F R X F C R I Q O U H C W
N P S D D B O W U A A E S N S L T F J P
M H A P I L M D S G P L H K N C N U F P
S Y F S H S J E E O A E K O H Y I P Y J
T S Q T S E N M C N S L M G G C O D C E
E I C A A E I E D H U K F E I E P E X C
E C E T L N N G Y W A T C O H H R S S J
L S R I P T B G H L A N K A R T A I L R
F O D O I A L E E T A Z I S R C D G L X
O B O N H L E Y G R E N E C I T E N I K
Y S U P W L R A I L S M D K A R C W H L
M P R V S P E E D W B Y C H I L D R E N

ACCIDENTS
AMUSEMENT PARK
CARS
CEDAR POINT
CENTRIFUGAL FORCE
CHILDREN
CONEY ISLAND
CORKSCREW
DESIGN
DISNEYLAND
DROP
EXCITING
FAIR
FAST
FUN
GRAVITY
HEIGHT
HIGH
HILLS
KINETIC ENERGY
LOOPS
MECHANICAL
MEGACOASTER
OPERATOR
PASSENGERS
PHYSICS
RAILS
RIDES
RISK
SAFETY
SCREAM
SPEED
STATION
STEEL
TALL
THE CYCLONE
THEME PARKS
THRILL
TRACKS
TWISTER
UPSIDE DOWN
WHEELS
WHIPLASH
WILD
WOODEN

Solution on page 127

Utopia

F E F T Y G M N U W D K S Z Y G O M F Y
V C U I R Z L T Y P L I A R E A S P C P
S A T O U P N L M D D N A L S I A E U Q
U L U M H D M W F D G W P X M S R E Y H
D P R H A R M O N Y Z O Z I T O E P O H
S R E H T E G O T I E P T O M L P L Y F
M E V L L C C I N P O P R S J A I L T Y
R R I L G N N Y A L O A A M H T D A C D
A U T R F U L F I L L M E N T E Y C E W
F T I Y M A M T R N O A G O O D L I F A
A A S M J S I Y A H T M C L Y O L T R I
E N O I T C I F T X S E L B A R I S E D
Y C P B S I M F I H U D N D Y I C Y P A
C W A W R M U Y L H O Z F T T E C M E C
M A M E K O I M A G I N E D I T O O C R
P R W R P N Y R G Y G Y G O L O C E S A
D M H Y P O T H E T I C A L A M N E D E
J U S T I C E R U T L U C N U E I A O A
Q U E V T E O O L A E D I Z Q R V R L V
U S R W V E S I D A R A P S E U L A V K

ARCADIA
AREA
COMMUNITY
CULTURE
DESIRABLE
ECOLOGY
ECONOMICS
EDEN
EGALITARIAN
EQUALITY
FARMS
FICTION
FULFILLMENT
FUTURE
GOOD
GROUPS
HAPPY
HARMONY
HOPE
HYPOTHETICAL
IDEAL
IDYLLIC
IMAGINED
INTENTIONAL
ISLAND
ISOLATED
JUSTICE
MYSTICAL
MYTH
NATURE
OPTIMISM
PARADISE
PASTORAL
PEACE
PEOPLE
PERFECT
PLACE
POLITICS
POSITIVE
RELIGIOUS
REMOTE
SOCIAL
THOMAS MORE
TOGETHER
VALUES

Solution on page 128

Happy Birthday

L X G J H P V Y Y V H I P G P V H K U G
L W T V F M T R E A T S R W V B J V I K
K I J B U R C K C T R E H V V O Z F F R
T S R W A U G U E B E I P R W W T A E D
F W L P T M W F Z T S D R A C S M I S J
I H H R C S N O I T A T I V N I B T I V
L D S D O O F N L S S N O O L L A B R F
Q Q B K C R G E E Q R P I Y M H Z S P J
T E O Y L S S M H G F T H F J Q D G R L
H K B T T E U A S G A B Y D O O G K U Y
H A E J L T M E T R C P R E S E N T S X
X C O D S W A R O W E S B S R R D R B R
H I N O R X K C F X P K E D E D O A O C
P A C U K O E E A R A S A M M Z N V T B
C T P I P D A C N I I Q Y M A N I O A F
Y B T U N D W I Z N N E I D E G Y R Q F
P B J J T G I M G B T S N R R S E F P C
A V A A U X S R A U I N S D T L I N F M
U R R Y H J H S C A N D Y L S N W O L C
P M R W R A P P I N G P A P E R J L N F

AGE
BALLOONS
BANNERS
BORN
BOWS
CAKE
CANDLES
CANDY
CARDS
CLOWN
CONFETTI
COSTUMES
DECORATIONS
FACE PAINTING
FAMILY
FAVORS
FOOD
FRIENDS
GAMES
GIFTS
GOODY BAG
GREETINGS
HATS
ICE CREAM
ICING
INVITATIONS
MAKE A WISH
NOISEMAKERS
PARTY
PRESENTS
PRIZES
PUNCH
SING
STREAMERS
SURPRISE
TOYS
TREATS
WHISTLES
WRAPPING PAPER

Solution on page 128

Cool Air Conditioning

I C L I M A T E V A P O R A T O R E C Z
D N T V N B N N L O R T N O C G R R V S
U L H O Y I A V T E H G T I N U E U F S
C W O N H L T I R J C C B U T T O N S R
T T S C X Z C R O P N T T A L L N G L E
P S A J O V M O F E D A R I A H V A C S
J M W A J O A N M Z T E F I W J X N M N
U I U U C S H M O P P A T E C S A I Y E
O J R P C J U E C M R N T S L I O C T D
X V B H E N Y N E B E E B S L N T R B N
C L C Q H R Q T R D E B S P O F N Y K O
B B N B U I L D I N G O P S J M A O A C
E X O X M H R S E E V A S N O E R F F L
S L U K I Y E R O O M I L M B R E E V A
E L B D D R G V T T V R O L C C G I H R
I Y F A I Y J Q P A U T O M O B I L E T
U S Y S T E M L O E H W C M E Q R E D N
I C O N Y R C L W H A I D R V G F R F E
L D E Q T A O C E V I S N E P X E M A C
C V L R T P U P R I O E S S A G R X K C

AIR
APPLIANCE
AUTOMOBILE
BLOW
BUILDING
BUTTONS
CAR
CENTRAL
CLIMATE
COILS
COLD
COMFORT
COMPRESSOR
CONDENSER
CONTROL
COOL
DRY
DUCT
ELECTRICITY
ENERGY
ENVIRONMENT
EVAPORATOR
EXPENSIVE
FAN
FILTER
FREON
HEAT
HOT
HUMIDITY
HVAC
LUXURY
MACHINE
PORTABLE
POWER
PUMP
REFRIGERANT
RELIEF
RESIDENTIAL
ROOM
SWITCH
SYSTEM
TEMPERATURE
THERMOSTAT
UNIT
VENT

Solution on page 128

Slow Down

G S S T W T V V O T C S Y A H Q T L B G
H U X J X M X P V O J A X A L E R K S X
A Z E C I T C A R P R G R J L D D T C D
P C T E T H I N K B F E N N Z E R Q U E
S D S U S G W K D P F N Y I R E D U C E
P W A Y J I N W U E K E R O T S E R C P
P W T N R L O I E H D B I C N S O G A S
U T X C C P C T V E G O H S P U E C M L
S R D D U O L V R I K J M R T L E R Z M
R P R E F T N A Y O R E Y I B X Z Q V H
M O L A S S E S N A T D N A N K U O V N
O S L S C L N C C N Y E T D W D E D A H
R I N F C A L T N I I R F T Y L G T S V
N T K I I O I S B A O N U O Y X U L T Y
I I B L C V G R U F L U G T G R O W T H
N V O K I C D U M N N A S M A W I S F E
G E D T C D F O C U S E B L E L M T X O
F L Y Z B B C H U B F Q M R Y V L Y L F
G Y W Z M W A L K I N G X I Q V A O K M
P P P O C R A W L A F U G F T D C T T R

ACTIVITY
ALLOT
BALANCE
BODY
CALM
CLOCK
COMFORTABLE
CONSCIOUSLY
CRAWL
DAY
DELAY
DRIVING
FOCUS
GROWTH
HOURS
LIFESTYLE
MIND
MODE
MOLASSES
MORNING
NATURAL
PACE
PLANNING
POSITIVE
PRACTICE
REDUCE
RELAX
RESTING
RESTORE
ROUTINE
SLOWER
SNAIL
SPEED
STOPLIGHT
STRETCH
TASTE
THINK
TIME
TORTOISE
WALKING
WEEKEND
YOGA

Solution on page 128

ANSWERS

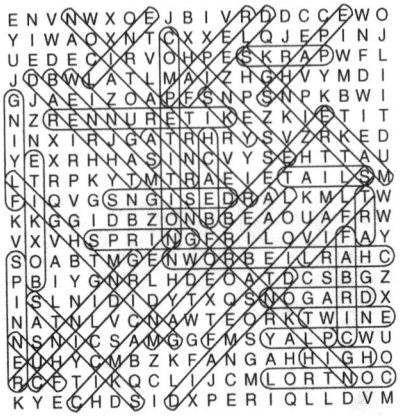

GO FLY A KITE

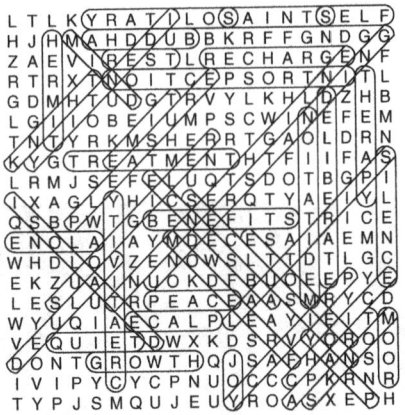

SOLITUDE

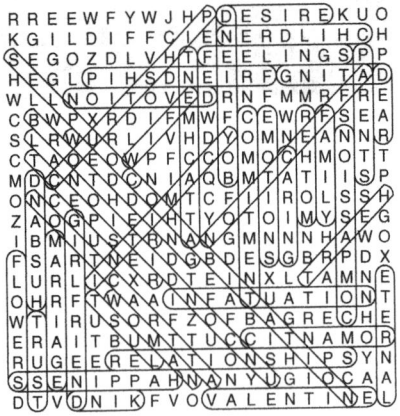

LOVE

CRAZY WATER BALLOONS

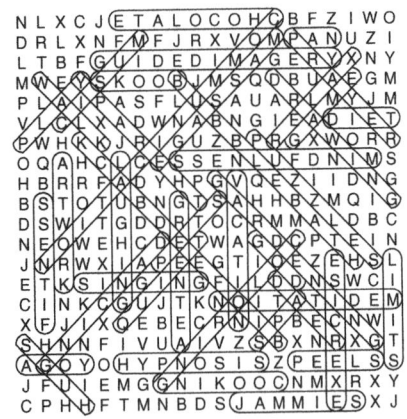

STRESS RELIEVERS

BACKYARD BARBECUE

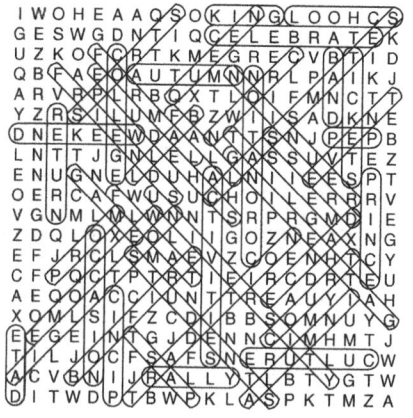

HOMECOMING JOY

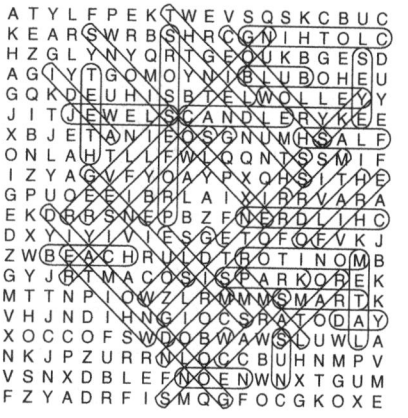

VERY BRIGHT

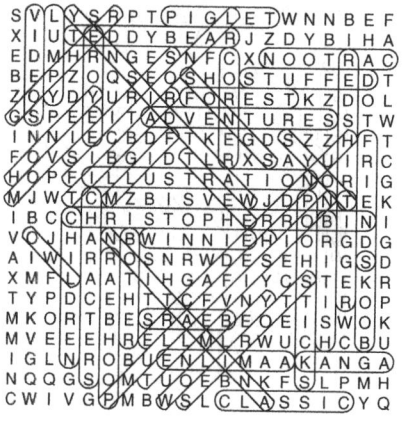

WINNIE THE POOH

GRATITUDE JOURNALS

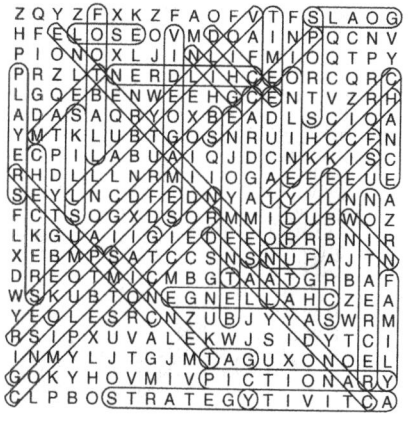

GAMES PEOPLE PLAY

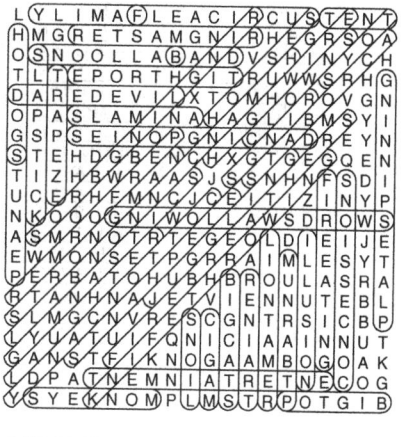

CIRCUS ACT

B E V C T N E M N I A T R E T N E J T S
M P R U Y P D I S P L A Y T X C Z M N M
T Z V T M R Y R O L T C L S I H I A E O
R H R H C O N P V R I A N V O S K S V K
J A G G H C A W O T V O E S J E B P E E
P N M I I K M M E I I D R L S L O A O K
S V N L N E I H T T C O D A L D E R N Q
U V W L E T T S A I L I F C F N L K V G
M W Q E S S E R N O S S Z I T A A L X O
M Z E G E E F B H C N Z R R M X C N E R F
E Q Y A D E C N E D N E P E D N I R X A
R R H L L E R Y N O W K J H U A F S O A
E Z W E T A L U I O C C U C O M D K J P
D B C O E A O S R H S A L F L O N Y O B
W Y R Y N S E K I W N R Y H I B A R M O
O Y W D J S S Q B U P C F Y Z J R O Z K
P E V Z U S W S U O R E G N A D G C Z S
N P P E H U O C H E R R Y B O M B K F K
U W E O Z E H R S E V I S O L P X E X F
G L W B G T S K C Z P F B R I G H T Q I

FIREWORKS

H J B E U Q O B B W W C H I L D R E N R
A R I T H M E T I C O O O S P Y P D P V
G L E T T E R S G W N H O B M S U U U Z
N O I T A M I N A K I D S Q U L B C P I
I U M N S G N I D A E R C G S L L A P R
N G W U G N I H C A E T A E I P I T E O
R W W O P Z O C H L D P R C C Z C I T V
A R Z C S P O M O D U R T N S Z B O S S
E L X E O U E O E E C E H E D O R N T K
L A L H N K H T L I L P E I R Y O A L F
H M B T G C K F S E K O G C A H A L U T
O S I B S V F N V K B O R S W D D N D Q
T N I E Y U V I G E I H O K A B C U A R
G S R N N C S X D R G R U C Y A A M W N
F P C S G I A L R M B M C C M B S B R D
F A I O O I T D D I I Q H R M Y T E E G
B N T N E M N I A T R E T N E B I R V Z
E I N R E H S G D B D J I M H E N S O N
R S F N J A L P H A B E T M S A G E R T
T H U B G K S L F L X Y M M A R I A G A

SESAME STREET

B H W D I B Y L H Y H X S C I T E N E G
O Y H W V S Y T I L A T R O M W E M X S
W N X D O S L G W O N L N L O G D H I R
X O R L K A E X P E C T A N C I E S E T
Q W C E E N A J D Y Y T I V E R B O R E
M B I H D G Z I Y C N I D K S H T Y M G X
Z Y S E I O C Y I E E P J R V O E A I T
G H H N N C M A M N H O K O M N R I R E
R U G U A N V N G T B C P T L E T B D N
W N L M P S O T K E D W R C V D Z O F D
E M O M S R H L H N O I T A L U P O P N
U Y K I I N A A J A S Y S E E A L S P I
T S F V T O V D I R C E E E P S I T A N
Y T N Y H H P O V I I U S N A V E M I A
T E Z U O T R L Y A E J I A E S C B S I
B R X R U A U T I N N M C A E I E Z I M
H Y S O E R N B U F C C R Q B R G N O L
Z N Y T I U N N A N E S E D Z F C Y D D
W S A S T D D C B N X Y X S K Q M N H J
C U F X B O I M P R O V E D B I O I D Z

HUMAN LONGEVITY

A J S Y O D D R A D N E L A C H E E R N
T R Z T U C F A T H E R T I M E O T R M
O P A R A D E S X C W H D O A E T C I M
M L L A B I E L O R Y A H T U X E D O B
S X M P T M O D E K E P T E Z T N N E O
W L P W A M D I V B A P N E H I W G N M
E T O G S A R C E A R Y E Y G O I T G A
D B E R N F A K N U S A B H D N I A A N
D F V C S I B C I G R R T T N M Q H P J
I I I S Y R M L N J E X N E E R P M R
N N T O A S O A G D S U N S O C R O A N
G F S M D T L R G O O G S T I N Q T H G
N I E D I D Y K O C L O T R D A V U C L
I R F L L A U O W K U H R E B R G O O E
D E M U O Y G P N A T O E A S B E H N T
N W A S H X D E R U I R C M K M N S F Y
E O R E K A M E S I O N N E L E H O E V
Z R E S O L U T I O N S O R P M E L T H
Y K S P H Z K O H U K S C S J E L J T P
G S C D D Q F R F A J A N U A R Y G I D

HAPPY NEW YEAR!

M J L M S I L A E D I E M A R X I S M K
S Y M S I H C R A N A N C I E N T L G U
I T S I C I G O L M P R A G M A T I S M
M S I L I H I N N M V A C T I V I S M S
I T C A Z J M S I F I C A P M I D A S I
T O I B E L I E F S U B M S I O A T I L
P I R O N O B U M S I C I T A N A F C A
O C I L F R E E W I L L I F P M K G I R
D I P G P J M S I N A I R A T I L I T U
E S M C L I B E R T A R I A N I S M S T
I M E S R I L J N C H R I S T I A N O A
S S E X I S T E N T I A L I S M S I N N
M I H A J L M D E T E R M I N I S M G B
S E I Y O A A H B M S I L A N O I T A R
I H N J D M S I T U L O S B A M G O D L
L T D N K A P S R E L A T I V I S M V E
A A U E A E S T H E T I C S N A C C I W
E F E P E M S I C I T P E K S C I H T E
R R Y A M S I U R T L A R E L I G I O N
G S O B J E C T I V I S M S I N O D E H

PHILOSOPHIZE

H N C R L N E U N W O R K S H O P W V N
E O X O A B V B E X N E L E T T E R S W
M F H W O H W Z B C N E A Z H X C X Z P
Y S T O C K I N G S I D P G A M A N F Y
T E A N H T S I V A N Y A D I L O H W
H F N M I O T E F L Y I N G Q V P I F C
G O L M T S R S S H Y E D C D K E T A E
U C H R I S T M A S T R E E P S R A A U
A T R L M H I C E L G N I R K S I R K H
N W S O B N C R H Q O X H S A G F B Y Y
S I W E Y O T A H I V H Z F H O B E L W
M N L M H R R Q G C L H C R U D O L P H
B T W H I T E B E A R D G I D W O E Z N
V E M Y R H B F C V G E R I N U T C W K
J B A D F P M L X D O M H E E T S K C E
B O L R U O E R E D S U I T N L N A P L
P W L G O L C G K M R S C L A U G I E V
U L S N S E E C N N K I D S T E I G A E
K C T P N N D Q U O P R P R E S E N T S
D A J C D W V T O Y S Z H E P Q T H W H

SANTA CLAUS

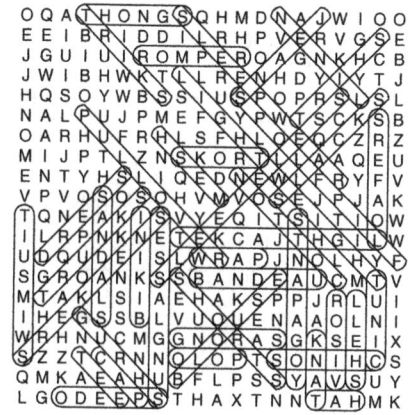

SUMMER WARDROBE

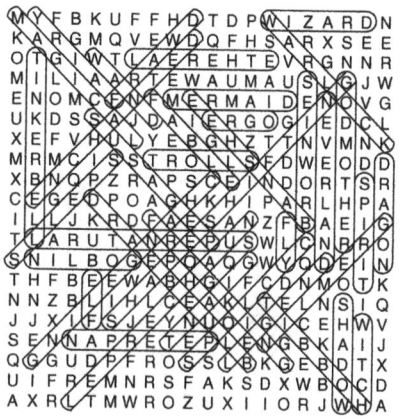

MAGIC FAIRYLAND

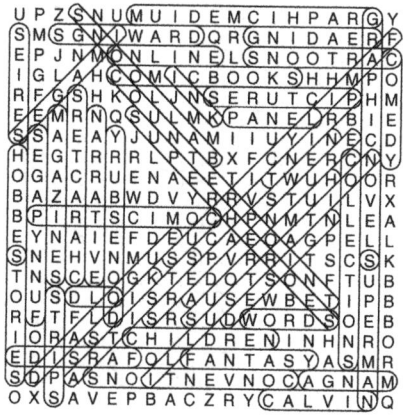

FUNNIES

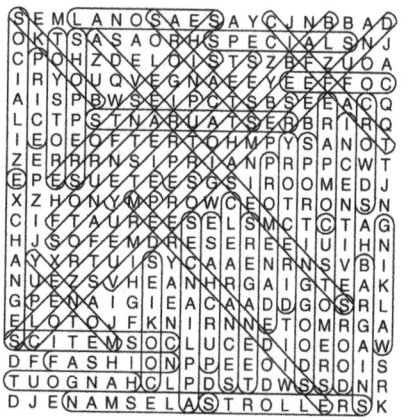

GOING SHOPPING

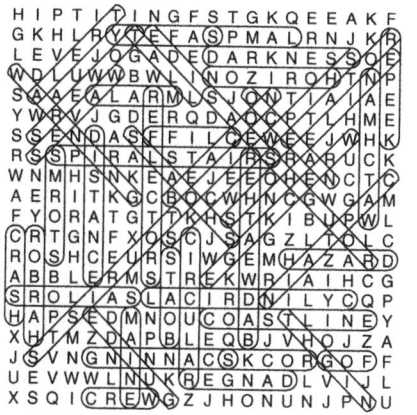

LIGHTHOUSES

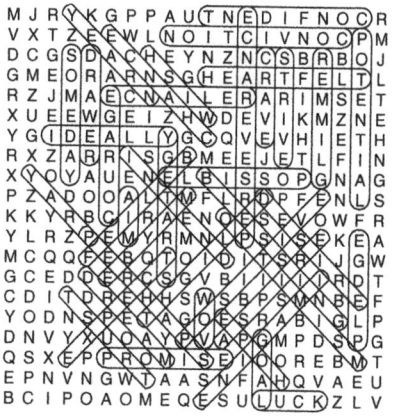

HOPEFUL

N X T J U B M M C I N B C C W G P X P E
C C B A N T R A D I T I O N S I M P L E
G V C C A P U O R G R E G O R I A N V N
X R J H C C R E C I T A T I O N S E H O
F R A U C T I O N C H A N T H R O A T T
A S D R O W O G J O S F G A L L I C A N
S G Q C M V M A P C I U O L A C I S U M
L U Q H P L R G O O M T B L M G B O U X
B X W R A T V M N O R T A I S Z E X B K
B W O S N B P O N O I T A T I D E M Y A
H K P A I L R O N G S I S N N N X S Z D
Z T M O E M P X O T P N J A E A E O A A
W K Z X O H G N I S B I I C V M C U N R
S F P R O T E S T E R S T A V O N N T T
E C B N A N G L I C A N Y C L B A D J H
T S K H D D U B T E X T S D H P N S N Q
O C B D N O F F E R T O R Y O E O G E M
N N L U E I T Y P E R S O N A L S T U S
T P E G I V C T E P R A C T I C E T I R
P C I M H T Y H R E C I T I N G R M O C

CHANTING

V C N U N Y A L R J V N D D N I Y A B C
G K W S Y O J N E F N T O S X Z H H G T
F A A E S H Z F T L S E L Z Z U P A V T
R P V F E J P B W A H E L Q E D A N C E
M U B F P I I A L E D V S N L U R R V E
S O Y V H J D L R O C Y T W T K G Y C G
Y L D R U H I S M G O I E T T N I L N J
E Z O Z E N V E N S O S H Y I J L I R O
L B K J G T G I P A K T C K H K L E N I
J Y A H R A T V G U W S O O W C A S K L
X C T A C N S O B J Y O R H Y D C T D O
E Y H I U P Y M P O B M C C P I L F R D
O O E H M G G V T P L U C S M C W A R D
Y M A A D N S G A M E S P O K U T R H T
Q A T N I I X R B O U O C C E E S C N C
I S E F N H C A F Z R W Y L O V T I Q O
Q P R G V S K O A T U S X C I A C C W
L U F D E I G N S X J S G U T P N E H C
S H Z R N F E F I H B F P S L O Q S W U
X G D G V G Z P T T A P L A R B K T U L

FUN HOBBIES

F H I P H P H C T I W K M U M M Y A A U
H S P I D E R M A N A M E R I F R F J O
V P S N W A L L I R O G E R A L I E N N
A U O I M U G W S S E C N I R P A E I K
O J U L Z D U E T T O B O R E J F H N N
P U T B N U B R S K E L E T O N S S X M
U S H O N C Z E O L E G M A Y S X N W S
M O E G C D E W H T U A N O R T S A O N
P E R S R I B O G A M U B Z D K E B R U
K L N Y E E U L F T O W V A D X T R C R
I V B E D G M F A F O G A R G O Y L E S
N I E S I I B B K C I D C V A M P I R E
A G L H B C L C N O C C H B Y Y D Z A T
M Y L T I E A R E P A E R M I R G C D
G K E O E N B V K Y N A M R O L I A S S
N A W M H B E I D L O S L Z O M B I E I
A N J S U P E R M A N L H K C O L R A W
H E A D L E S S H O R S E M A N I S Y S
Y N M W K S N Y J H L C A V E M A N R H
S S V I W G W Z G I J V T L W U J Z F Q

COSTUME PARTY

L O O H C S C I E N C E M O T I O N J K
S N O O T R A C I Z P I N E A P P L E O
H E P I S O D E S B A R K R M W A T L O
E X L P O P U L A R L I A N S G K N L C
L N I C K T O O N S N E T W O R K E Y Y
D O K R A B B Y P A T T Y N N U F L F R
O Y I R E T C A R A H C R A B S V A I F
N P G R U B N E L L I H N E H P E T S S
P A N I M A T E D C O M E D Y P P A H L
L T E K E Z K I T C H E N S P O N G E U
A R X I D O N O E D O L E K C I N Y C N
N I P D T E K K A B R E G A F L L I B D
K C E S I H C N A R F A I D E M E I T E
T K R U S T Y K R A B A W E I V O M O R
O S I A X I S K E E H C Y D N A S Z M W
N T E I M O T T O B I N I K I B M X K A
L A N O I T C I F O C H U M B U C K E T
L R C N O O G A L O O G A M E S Q D N E
W N E R D L I H C E G N O P S A E S N R
E H S I F R A T S E L B B U B G A R Y L

SPONGEBOB SQUAREPANTS

Y Y Q S C R P X M P G I A E R U T L U C
U O X L H O A N I H C I W D M A A J G T
G R Z U U V E E R B H S F A R N C S I P
O D N I N N P A Y E L P J T T I I B E K
R W M I Y S A U D R G R D E S M B M U R
I V A O U M R R H U A I R S N A K E E A
N N M N N D A Z C S B N T W R L D N F L
V X Z O Y K D X I A F G U V C S N A A I
A M O I R A E A T E L F W L H I L N M O
H F Z T Y E S Y S K Y E E D O O O C I N
N C I A N R D T C M I S N N R I R E L D
P Z U R S D I E Z K T T O D T A B S Y A
T B S B E V C O N P D I C I A A G T E N
S S U E A W D H Q V N V D H X B D O F C
J A O L I I O M X U E A F C E X L R N E
G G H E A L P R E W R L G B K N O S T H
J Y S C I X P R K T P E O P L E G L S O
I Q N D N O V S G S R E D P A D O O F G
W O A A O G S R E K C A R C E R I F D Z
M Y T H O L O G Y G O L O R T S A Y M H

CHINESE NEW YEAR

F T U L Z W E S I X A S R A D Q K V A C
M M H U R R I C A N E H A R B O R P C O
W U V D U L U X I I Q Q O I B F O K B S
A F B J V G Y N E W J E R S E Y C E P O
T N E M N I A T R E T N E Y L I M A F Q
E O K Z S N O I T C A R T T A W I F K G
R I M R M L M S L E V L Z T Z N Q D H K
P S E O L A G R E A T A D V E N T U R E
A S O L S O G S T Z D V O A E E E A F T
R I Q L A A G I E C I A M C K M P S H Y
K M A E X I O F C I F R O I I T H E U E
H D S R E N S A L M L K P R N X M Q C N
Q A H C T R T I S U O I B E L E E N X O
C S V O R O E G H C M U M M P I A M X M
U O W A E F K R O Y W E N A B R A R M Q
G E S S V I C O W Y S L R T E U N R K V
R U S T O L I E S U B K O A A V T C K G
G A M E S A T G M I S O S E D I R Z U C
V O B R O C P A C H I L D R E N N B N J
V W B S U R I B N E W E N G L A N D C Z

SIX FLAGS

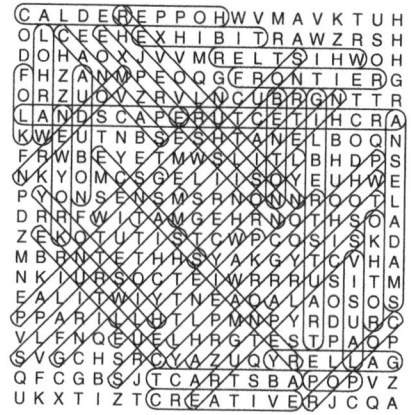

ARTISTRY

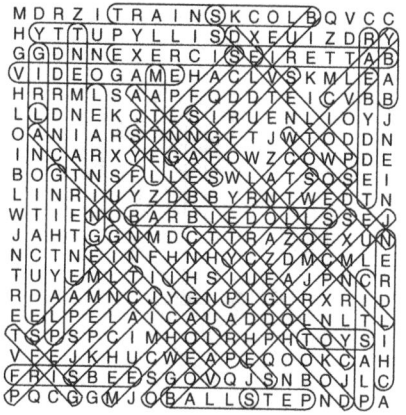

TOYS

ICE CREAM

ABRACADABRA

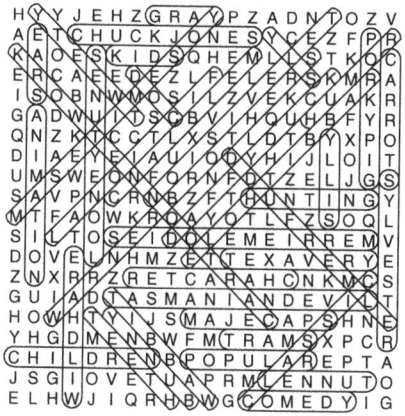

BUGS BUNNY

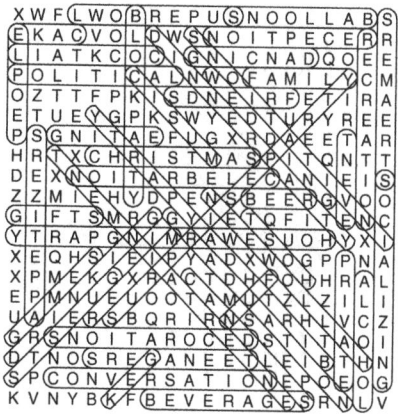

PARTY TIME

A V B P M M Y O Z P C A T W A L K C A U
C H K R A M Y T U A E B R B I C M Y L V
S G O T F F P R P U E K A M L L T L S O
C F F M G R E T L G C P M A D G G E E J
U N B L E M I S H E D G S Z T O Y V K X
L G Y T R V T I C U P S X F R E K O G U
P K T L A R N N E F E B R G E R U L L A
T Y A T I K A T T C Z A E M O S D N A H
E G I K S R T R N U N O U E C A R G M H
D N I W A K T I A I U J M Y F L E D O M
G N V E R K R G E S O M A A U C P C U C
G V P F T P A U G T E W C B I B A W R B
N P I A I S C I A N M A E L J D L K E K
A A I C S V T N P U I A I W O B E U E H
D V E E T M I G R X U M G B E R T N S D
C Z R I I B O R H T T R A E H I T Z K H
H D V R C G N L I P T B N E L D E W S H
Y N R O L L V F B C L O M E B E N L J T
P O S E D Y U S S E L T O P S M I L E P
R N G W A L Y B H T W A I A V F D Y D D

BEAUTIFUL

R T K C E O I L M S F G V Q X G G U N X
W M H F P V E N U E R Y G R E N E E B S
X X L E L H I Q S F O O S F I I E M E H
Y E S R A O C L I R I C T K U C C S B O
H T C O Y T H I C H R V R C K N B R P W
M F Y C L R E H I E J A D B U A S E K H
X M T N I O E R A O C P J P N D R M V B
Q X M E S S R M N H B M H D R A N R O W
B I P L T K I Z S N O I S S E C N O C W
E D L R Z N N E N I L A N E R D A F C T
L R A U G V G A G H N M C O U N T R Y T
K A H H S R E K A E P S T O U R S E A T
D O U I N S T R U M E N T S U Q H P O Q
D B T T N E M E T I C X E Z I S Z K T Z
R Y N T O O J B A K I B Z U N L T V R L
U E I O N G Q U C J A A M P L I F I E R
M K G I F U R O T S J P J C D G S O C L
S Q C N J C L A S S I C A L Y H V L N S
V X W P I A N O P N T E K C I T E I O N
M B I U B S P X G H T W I T V S S N C H

MUSIC SHOW

C Z W T N Y M S P J N N C T S K C Y S S
S O E V R U N S E Z X Q Q R C V Y H E W
E O M Z E A H N O I T C E L L O Q L C T
A L Q U T D I S S Y A P E N G U I N S M
L O H N A L P N B G E E G G X T S T E H
S G G G W E P R E E F O O D P E L N D I
E V I N C T O S K B R H I E F C A O I J
K S E I I N P O G I S O R F S C M I R B
A G E K X T O Z L X I Q A R A S I T C Z
N S O L N Z T L A C T R A P T A N A O E
S H Z A A O A E R I I E T U M N A C K O
R O E W C S M I P G B I D S U D C U Z K
A W B R E A U U S R V Y L W I I I D W W
B S R Q U L S N A I R A N I R E T E V C
D Q A F T S O L T E M I R L A G O O H Y
Y H S F E I O V G M K S G D U O X E C L
S R A E L P Q L A A R Z G L Q I E T X I
F I R N Q W G M C H A B I T A T S R D M
Q T C H I L D R E N P A N D A F R I C A
B E M O W N C G A T E W J H S I F U N F

DAY AT THE ZOO

D P H P L A S Y M B O L H P A B S D O T
X A L A N I M A T I O N U F T A I L D E
C R X F Q K S H Y I T R A D E M A R K B
X A Z H C C E I F E A C Z T I L O O M I
U D R W O M S V O D F U H V P U C W I A
U E S T E A M B O A T W I L L I E Y N M
W W V P O P A B G C L U B H O U S E N J
E H A A D O N A L D D U C K C W E N I E
B R I P F A N T A S I A S T R O H S E X
K J R T B U L C E S U O M Y E K C I M K
C P O E E X Q E H O C A T N D J H D O O
C I U X B G W S H A I O B O R E K S U Z
A D N C H T L L E U R S M C B R M U S H
K R D H I X C O M I C A N U M A L O E R
R A E I S L R R V L V U C E C T Q M C A
D W A L T D I S N E Y O T T Y S V A Q L
L I R D O T U L P K S S M E E L T F M U
U N S R R A T A L U V Y B Y I R A R I P
H G Q E I H U I T E L E V I S I O N I O
C U N N C C C T P U H I R K I M P H D P

MICKEY MOUSE

C Q M H N G W T A F S L N Z W N E R V G
D N Q E I I L I G H T S O R A N G E S X
R W U Z A Z A W E T A E S I O O S K J L
N S E S S S Z A A L R I U D I P U Q I P
D N L G I V I N G P A K A R E C N A D I
X N R O Y C N L K I W O L Z E I S R D H
K Y J G R E V O Q W R O C I B S Q C O P
N E X E N A C Y D N A C A U A B E T C L
L K X B S F C H V K P Z T W E O C U O O
L R A F A M I L Y Z P P N W V H D N M D
F U G S I Y U S N O I T A R O C E D E U
M T V C T E R L E G N A S C L W R G T R
W O N S A N S E P I G E O T A D G R D F
C O O Y C R E N H R P L R E N N O D A S
P R E D U A O M I J A R E O O E D H S Z
F P L I S B N L A D P G A G G W S L H J
X Y Y T S F D O E N E F U N Y I S E E M
A Z E R R Z R G V R R Y I S C O F M R S
R Z I E A I A T O Y S O C W R E A T H P
D W K E N R B T E N O X O P P H H S S B

CHRISTMAS TIME IS HERE

Q H V G G L I Y K W D A W M C P P X C U
O S M F U L T O Z F E B T W I N K L Y E
E N N U N E L E Y T F A N T M M V A J
X A S O U K S E W T A W E L A T E D M Y
U P H A P P Y M F T R E O D T Y U R X K
M X J I E S S C I U A A N E S Z O H R L
I E V V U L H F G L L A E T C J R U Q Y
W F V O E U P H O R I C C H E H O V B N
C J Y J C O E I J U H N J G T R E L S W
L O U K Z Z P G Y L X Y G I I H T E D R
J S L H E C N A D J E D F L Z E G A R Y
R E V E L N G D E Y O J R E V O U I I Y
H D L U F H T R I M F U D S G R L L N
G I G G L E D P F U P R V B H T A E R T
G N K M B A Q R S L R L O I I N I R G E
O A I C R E N L I V E N N L S L I V R V
O G U M S J H F T T T G Y H I M A F E Z
C C G L A D T P A M T X R E K C I N S O
N J J H Y E Z L S F I O G O P D X R D X
P X X Y D A B W D N T Z L U K L N S K O

I AM AMUSED

L B U K B J Z G P G V M U S I C B C R B
U E T I L Q W Z E X N Z E V T T P G B C
S E A Z H C T E R T S I W I F R J C O I
Z U S G A M Y O O K D X T S B Z O H O J
P P K A L U C S E U N H G U F U P P K M
F R S M Z Z R A T O E N J A O M M Z S X
R O O E Q G B S X L I L T S L B V F V V
H U G D I K N M A H R V U S D A T I N G
H Y N C U T O C T S F J J D D I W I T C A
W H I M F C I D G N I N R A E L M N B F
N J Y K K S T V K N A E L C N H E E I J
P E A I Y J A I I C B W I U A C C S P C
W B L H W L T M V T A S B V D T E S S K
S G P O C I I G B E C P N B O Q S P L F
G H R B Z L D K N F T A U O S M Q A A K
R K T B J I E M Z I W P U Z I T T M O L
Y Y V Y N F M J S S N E Q N Z T I O G A
Y E O E P E G I P G G B N Q M L C B T W
J G R V N K V Q M M H Z O T Y Q E A A N
A K S L Z B Z Z A D G D G M G M O S R H

KEEP BUSY

D L R O W L L A M S K R A P E M E H T R
H A I N R O F I L A C N O I T A C A V I
E F A M I L Y E N S I D T L A W J U N D
L I N E S L E T O H R E S O R T T O D E
D N A L R E I T N O R F I R E W O R K S
D M O D G N I K C I G A M E C A S T L E
I C Y I D K R A P T N E M E S U M A C I
S R E T S A O C R E L L O R V J S D I R
N O F C U N E R D L I H C Z X U S V S O
E W X L U A A I P O T U A T T F R E U M
Y D I F T N E M N I A T R E T N E N M E
W S T S E U G B D O O P E L I O T T P M
O R I G I N A L G E O R L N C I C U R O
R S P A C E M O U N T A I N K S A R I N
L S O U V E N I R S I N V J E S R E N O
D N A L Y S A T N A F P U Q T I A L C R
X E S U O M E I N N I M E A S M H A E A
T L A T T R A C T I O N S E H D C N S I
Y F O O G M T O M O R R O W L A N D S L
I F N I A T N U O M H S A L P S W O H S

DISNEYLAND

H H K W U S B W F R S P G D J J Z X Z A
R B R C A K D P X L B E L O B S T E R L
F F E R A S O R S P O S S D L F M Z B K
U X P A N B L I E P F U B R L D W A B E
W Y P P U G P O S H O A N U O O F B P U
J P A P W A H M N A C N K D N H Z I R E
B O N I A Z I U U T H E G N E V A C S I
J R S E L B N B E H U D I E H R S E E H
B P C C R P A B O Y S M I P S U H L S C
K O A O U F I L N B T I B N L T L K Y C
F I L R S A I C O T A A F I E Y K E L P
P S L A A O O E I N C B T E F M L D F D
M E O L H P E N N N E U B I L L K P S U
I R P S E L T R U T A E S A O T Q O M E
R W S P Y R A U R N N H E W C D T U A Z
H G O B Q E W Z G R B C T S I U S U L M
S D O P O L A H P E C A A V O S D G C Q
S G L E R E K C A M I C E Y E L L A W A
B T O V F E D E H L M B K L N O E X E I
J I W K V O R A N G E R O U G H Y F G Z

OCEAN WILDLIFE

N B W E U T K M X S H T Q K K X T S Q Z
U T P T T K S I Y N O W G B P S U A Z W
J F P V P Y V H D A P G E O E C B Q G P
C U R L M U X H S E S E E H C J M B Q S
H W O L I Y D T P B T P Q M A R D N T F
C E L E R Y F P F S H E I A N I R C W D
A Q I C H V E R F Y W Z N A T C A W O T
T F V U S R U T E D I Y E S A R L O N S
O V E T A I N K T H R K Z Z R C F B I P
M Y E T T A R O A S C A Z O Y A D I O F
A U I E I U W S T I L H T H E D L U N Z
T Q S L T F E J H L O M N S T N L J S M
O M A H E M X C G D O M B I U Q F H U C
A T C G R V F U A U N R A D N M X O D Y
I B Z A Z O R C C R W Q C A A L S S U B
G B P L I A O U Y U A Z O R E A N U T L
C O U O X V R M A H L N N Y P P I E G G
Y I J B A F L B M G N U C C E P Q L D P
P K G N I S S E R D U R F H X L I A L D
V V I N A I G R E T T E N S T E A K P Z

HEALTHY SALADS

K M O F B U J R Z F A L H R Q V O P N K
O T H C P O S I T I V E X P L I C I T T
E E V I S I C E D U U V C E R T A I N Q
S L R E L I A B L E R K W D A W I U E K
O B B T G N G R P R E D E S T I N E D Z
N A L A C O V I U Q E N U T S O D T I L
E T P R E D I C T A B L E T U T I U F B
H I I U D E C N I V N O C E O H S L N V
T V N C E S S I Q X C N S E U G P O O N
N E P C V S J E Q X I T B J G U U S C E
O N O A I E U J R T I Z S N I O T B S V
C U I X T R L D S O B L I T B R A A E N
E F N H I P I I N R E T W K M O B O T I
H S T N N X D A U I A O R N A H L K T Y
I T I O I E B A D L I G E N T E A L D
Z Q V C F L W B V C O N C L U S I V E W
I A C L E A R E L B A D N E P E D T D Q
V I V I D R D E T A F W F C E X A C T Y
K O K C T N P G O V E R T E S T E D V D
D Y L P U O T T L E R T R U S T Y D L P

FOR SURE

W M N O V B B N Y M Q F W L P U U B P E
F I T D A V U W G U E G P E R M I R T K
T D U C H L G O M Y G I V G F H L H M D
E Y O N A R C W I W L P W A W H O X A A
A G W O I P O T D C U E M K C Q Q J W N
R P O I R S E L X C Q F W R C U H U Y G
L L L T S B R W L A O P E O O P H X D L
I F B P P E A I T E S L E Z T S M G P A
U D Y E R G A R A E R F O A U B N P I Y
K Y L C A Q F C A H L S O B C L L L N E
Y N O E Y U A B Y P C Y B T O N O U S R
R V Y R C S D R A I G H T E N L V T L S
L Y R A H O O I S K N N L S N A R I H Y
I W K I P R N S C O I F F U R E G A Q E
Z Z E W R H O O I N H K H S A W M E P S
Y B D I E R A H I B A A N K I P V O U A
C O M B S C S E X T E N S I O N S O W E
X J Q A K A S Y Z Z I R F O S P C O S T
I S X H F X E Y E B R O W S Y K L Y Y J
I A E J J B Y F P O B A N G S T F I P U

HAIR CARE

N P E B B L E S R E C A R D E E P S P P
A O G N A M O W R E D N O W E L I N U S
M R U F O G H O R N L E G H O R N D Q C
T K M R D N U O H Y R R E B E L K C U H
R Y B E I R N D L K Y T L R K I P E I E
A P Y D L K D Y C C R A B E D S A L C C
C I O F Y C E W D U R C B N D A N B K K
H G S L O U R O A D E E U N U S T B D L
O M E I E D D O F D J H R U F I H U R E
M I M N V Y O D F L D T Y R R M E R A A
E C I T I S G P Y A N X E D E P R Y W N
R K T S L I V E D N A I N A M S A T M D
S E E T O A O C U O M L R O L O L T C J
I Y S O Y D E K C D O E A R E N I E G E
M M A N M F S E K P T F B L M E I B R C
P O M E G E O R G E J E T S O N Z F A K
S U D Q Y L H O O P E H T E I N N I W L
O S R E P S A C G W I L E E C O Y O T E
N E S U O M Y T H G I M R M A G O O A P
N A M R E P U S C O O B Y D O O B O O B

ANIMATED CARTOON CHARACTERS

P U O R G Z E Z S A H E C N A M O R O B
U U B Y E T U T N E M I T N E S U E V K
D T B D C N R C I A D R O C C A T S H V
D H N D O B T V C M S A F S N G Y P S E
E F U E M S J R Y P P S Z W A K L E M E
E L M M R S U U A H L O O E T I I C V P
N W P B A D E P N P O G R C N T M T V R
C K G O D N L C P D V I N T I M A C Y I
C O L L E G E I A O E S E V A A F J S F
Y S N K S P S X H L R B I H U N T V C R
T H E F H T J H P C P T S M Q L T I H I
L A N O I T O M E E C K I T C A S M O E
A R W M P D Y G R A R K R V A P E A O N
Y I Y G Y K A S E F F I Z O E N I R L D
O N S J J E O N S T O F E O W E D R Q S
L G N I D N O B T U H C I N A P D I E B
C B E H A V I O R K Y E K N C G U A N I
G N I L E E F O R E V E R B I E B G V G
F U C R D E P E N D N E I R F T S E B D
L A U T U M T R U T H O N E S T Y H M Q

FRIENDSHIP

B W C I S U M L A N O I T I D A R T K J
L R O L S N S E F O J R Q P F K O S S C
K X U C A A N Y B I O A J W L V M B R O
P G N S R V A P S T N N B O B D Y L A N
T N T E G O I H T I I A F O A O C H T C
Q I R I E N C V Z D M C N D I N O A I E
S G Y T U O I V E A I I Z Y A A B U U R
P N C X L D S Z P B T R F G R I M A G T
H I U I B K U Z T T C E D U K A L H E S
S G H S X R W C S L H M B T I V R A A Z
H P T R N Y E E U A E A R H M E I R B S
L E O N O L T G K R L P C R T I T M W T
G R M Y E O L C E O L A C I T I L O P F
J F P F R M O Y R E L S R E S G E N R E
Q O A P T R U T R A S W Z T P G J Y I D
M R X C K O D R P I G E S R E G N I S A
U M T L F I H P T N C I T S U O C A L N
G F O T P D A J O S Y S R E R U T L U C
A F N P W A B S O F N P G Z P M P G V E
V R E C O R D S L A V I D T S E F P N U Q

FOLK MUSIC

T I Y S A O M L V N T O S M G E K I P S
X I X K M P M J F L N J A Y E R P L L F
O U C W H I S K E R S O N T N E L O I V
C I V G N I S A H C A S I V E L T G E M
L O D L O A T C R I T E M S M S H V S T
A Y M U I V N C S S U P A A I T X E A H
S H N I T F E A E U R H T P E V U C Y O
S U M N C S M R V M D B I E S M E R Y K
I M D W U V N T I U A A O K O S L L C C
C O L O R E I O S N Y R N U U A Z A E I
O R G G T R A O O I M B S O V D D I T D
M K I D S S T N L T O E H I M I O N A S
E H V G E H R N P E R R B F P S O R C P
D B T O D O E E X D N A X E S T W O M A
Y C S D V R T T E S I C C Z B I Y F O L
V M A L D T N W V T N Y E M M C L I T S
D B G L Z S E O N A G I F W G X L L Y S
C R I U S P A R T T M E H Y A M O A K L
V H W B M Y R K S E N O J K C U H C E D
C H A R A C T E R S F R I E N D S H I P

TOM AND JERRY

E U R F F V K V Z V T T O E C P K M S V
R C A Y S U E U C E B R A B I M K N B G
K F U J G T Z O C H T Q P A N C A K E S
L T Q B S E O T A T O P R S O H C A N H
U N E S U S S R S I A C A F R A N K S N
D E T L G N N Y R T S H O L A R M I Z S
Z V J J A D Q T Y A T D O L C W F Z D N
X F F C R E E F F O C S N N A W S G G E
J T K O N S S L N I F W N G M T R C O Y
A S C R D N A B K O Y X S I R R E S S N
R P X F P K P U G W C P U O S A K L Z C
C A H G T Q Q R O A S A N D W I C H P W
K A O R A C A G T T A K B R T L A F P I
S I M I C N P E I E I L X H C M R R C F
Y H E L Q B X R R R H C P L X I C E S S
M N E L S U F S R S E M S M L X R O F T
M Q A N S R F R U I D O O N X E M L R U
F W U V Y D R I B S D E S E A Z D Y A N
E B K G Q S O X R A V Z W L P E Q G S M
W O P L P D Q M Q E Y J P R G O B S I F

PLENTY OF FOOD

Z L Z I Q I W D A Y D R E A M I N G O G
G G D X M E I U C S J T A I S P A N H F
X A I P U N I R O L A Z I N E S S I C G
F U V X N F C V L L V G Q J W Y K S A W
O H E E E O C R O W I N E W N I J I E O
G Y B P P A E C R M J I T N N D L U B K
X G T V M C O H I J X H U G M Y C R P Y
S Z N P L H G H N M A S S A G E O C S W
T G I C A H F G A S I E P O O D J F G
K N M T P F U X L E F F X S P U F R N D
G E O I Z E A B N O V I E F F S I L F E
B H I I T K E W W G A C R E B E I G Q D
E Z S M T T L L E G I T C E N K I N B I
T K I G I A I G S U E A I D S L M I R X
R O V D C G T N S T E R S N C I K T E O
E P E C O O B I K P I O E I G I D S A E
A H L C Z Y O L D Z Q V S N N Q L E K P
T T E U Y N O I E E O U G G I A L R U B
W Y T X X K K A C O M F O R T T A S A H
B B G G A M E S O O T H E D D P Y C J K

TIME TO RELAX

Q J H O Q J K I C E H H V G E T O U Q W
U M Z E M S N S V A T Y N L Y L J C S M
B G U R I D Z A D G H I L S R A E T C V
D G X M L G X G S W L I H T O R S O G F
N S S C R L E G D R V O E S T X T E C X
A X R U A R R G C E W L W I S M F K G U
D O Z N G R U I D N E R D L I H C S O F
R C D A C J T U B V F N A N X M G N Y I
V D G P U S A O I B B M O V I E P U O I
G G Y D P V C S O R I D D L E S O P O R
H A S A C Q I E E N M B A M Z C P E F O
U E L E W O R T A M S E I T I D D O B A
E S Z D N T A O V C U L E C R A F P O S
V P E Y A Q C D O I T T L U G M Q L O T
P E T S D A J C I R I O S E H C T E K S
D F N A P O W E C O W Y R O S X T R S E
T N E E K L R N E N T I K S C R Q I E I
L N R E C V A A S Y B T D K I X P T S B
V D G C T S K Y D V Q I A C I T N A O A
L W E D I U Y D U Y K R K Q V O F S N B

HOW FUNNY!

W Q Z L G N I V O M L Q U N M D A E I M
C K C A J M I Y C H I H I F P K I H L B
C C S O A H Y T E R T E G R A P H I C S
C K R G P I X I L A T I O N D C F L O O
K D E R U T C I P N O I T O M O A N L F
Q S T N F E I W Z D I S P L A Y K L O T
O K C A L C J C L I N E G Z E M A R F R W
E O A C I N E M A T O G R A P H Y M S A
M O R P P E N V T L P I T F E Y S O M R
L B A A B U K N J B I I T D G L T V W E
L C H Q O Q G Y G D O I C O V P U E A Y
P A C T O E O G I N E B L T M T D M L T
P D N M K S M K D F P O R U U P I E T M
S Y G I C A R T O O N S C A S R O N D Z
T K I F M O G N I H C T E K S I E T I V
S G N I W A R D C O M P U T E R O S S Y
I M X T X D T E L E V I S I O N B N N Q
T S R S X I T O F O P F W L V J B N E Z
R A Q O J G N E R D L I H C A A U Z Y Z
A J V R F N J W E Q V Y W D M F L X D P

ANIMATION

K X K F J Z E A G Y R E V Y B L U D O S
S R E E R A C Y N R L D A Y T O N P T E
I R N C H U T E S A N D L A D D E R S N
R G U N H B X R Y A Y O P E H R A O E E
A C T E M I L O L A P P U S A T P L I T
T A H U O T N Y P O L L A T E P S L R R
B R E Q R S D E N E C D I G I Y V E O O
C C G E R N T O S M R O O H D O P H G U
N A A S A I Y M T A E N K Y X C A M T R B
V S M C C J O S D K C R O O R Y P O E L
H S E O L A T L Y O G H N T R A N B T E
Y O O M P E A A O N W N E A R O Q A T L
R N F P R B H T U S E S N C M X L T A B
R N L M P T I H S C U O H M K A Q T C B
O E I X Z E Y E T O I E A C C E I L S A
S N F E Z R U F M T E G D N C T R E S R
D H E L G G O B C S K F A Z B H T S T C
C R A N I U M I I C X M D R A U G H T S
T I U S R U P L A I V I R T F A M I L Y
W H S U K O L B U K I M M U R L Y P V F

BOARD GAMES

X D I Y W X P F P C V W W E B S H K F P
Q G S R E D I P S L U O H G V D C L N H
S T N O I T O P I F Y P E E R C O A C I
T L I I N V I S I B L E M A N W B T R T
P L L R B I U L G X K H C F E C A N D Y
T A B E I B G P H O O U Y R E P N I R C
S F O A P P O H R L L R E I W T S V Y P
H W G K P S S B T A E W F G O P H O K C
H S E S U O H D E T N U A H L Y E B I N
O K D I A I Y L E L I K G T L R E Y T S
T E A H R I B M E L P I R E A C N E X I
V L R S C D E R M W P P O N H H O T F Z
F E E E A C T O O E B B A I Y O T Q V A
Y T U R U D O R B O L J N N K C S A G J
Z O Q I L N C O N A M E I G O O B W B O
U N S P D E T E C E M S I S O L M Y L K
Q O A M R C S K A I P N T X P A O D N M
S S M A O L C O F F I N A I S T T B U I
C B C V N A H S E M U T S O C E B E S H
R S R E T S N O M U M M Y I M K L T Q J

TRICK OR TREAT

N W L F U W Y K P I H S R E D A E L C C
X Z T S E V I T I T E P M O C H E E R M
L K T O C Y W Q T C E S R O U T I N E S
P Z N N X H F U N R A S D R P D S S P A
W I A G N X Q A F I A Z V G G M P M U J
T M H T Y H R O S A E C X A I I O O Y K
T J C Q S A R U L A Y T T N R K C P U G
E W F D E M H O M E C O M I N G F F N Z
T V R P A T X V S T B R T Z V L Q I I Q
V B P N N O A C S E O E F E J I O A F U
K A C E X U B E R A N C E D X G T X O W
Y E K O L E T M A O I I D V T A B Y R Q
Q R Y T L N Z M H T W F L U P K A T M B
L O S I O M H P E U H D O E O F L I S T
B C M C E H A G S M P I P C D L L S P O
E S V U V G R P B B D P E X M I Y R O R
E Q G E E L W Z L Y D Y T Y P S A R A
V U M M N I M G N I T I C X E S O V T L
A A T E T S R E N N A B P H Y S I C A L
G D R S S J C E A G I H C M H G M Z C Y

CHEERING

Q D C F O T H M M P T H P G Z G B J U Q
N O F T T J X B M V M C N Y G I J Y F P
C O G W Q F A N T A S Y T R A P A E T E
S R H E T T A H D A M B P V F L P A S G
E L O A P L A Y I N G C A R D S C Q I Y
K E W Q L D L M P E A D U C H E S S M T
E H C Z U L A O R S L L N E R D L I H C
M O J I K E I U R T E O E I U A R U J O
K O I R L Y T P W R M O H V S R E P E D
N K C X J O W E R A A S E T O T P K R O
I A O R R A E O O E E C B R I N A E A D
R H O E T D D E X H T A S B T R S Y H C
D O T E L U I V C F T A B I V S B G H C
B I T E I C R E E O O A C O W F R A C D
L A D T I V H T D N R R M N E E W D B W
L U S I Y T O A I E T C D N C Z L I A H
M O O R H S U M T E S U O M R O D S M X
L N O U Y E N I P U S H R I N K I N G X
R T G R Y P H O N Q O N E E U Q D E R T
S W I S L W W V K K R E A P X T M Y O I

ALICE IN WONDERLAND

L S W N S C W J K T S U X Y G N B V G A
B V S G E V E R G R E E N Y L I M A F W
H R L E G L A N O I T I D A R T R F O O
B B E P L I A O O K S Y M B O L I S R R
I O S T U D F I S S E H C N A R B N E N
R A N E N E N T X E S U N N P P E O S A
E A I K L I E A S E T U D F A R M W T M
K C T K V D W R C R D E A Y D F J K W E
W N D S D B E B T T O H O L I D A Y S N
U A S P E L U E L S W S I N C Q L K R T
B F T T C S C L N P U H E O C A T A E S
P Y J E O W K E B O C O O S Z H T G E P
I K P X B C J C N S N F R A I P I N E B
T R L N A B K Y A I L A U E D C A I A E
H I A R T I F I C I A L T S F C S V E S
N V S O I Z I L N I F E Y S Y I S I Q E
W U T C O D H W N G C G J D E Y N G I N
S Q I P N E C U R P S N N Y O E O O V T
C G C O S T H G I L S A M T S I R H C S
G J A P X R E B M E C E D L M I R T M V

CHRISTMAS TREES

B D Y D E M O C C A P P E A R A N C E C
L I T Q I S P O R T G O O F Y V Y S L O
D S A J P S P V K F O O G X A M U U P M
P N K B H M N Z J V O R O M M O M C U I
H E E L S U P E R G O O F E M S H O S C
S Y S I D I P P Y D A W G Y Y I A E R S
I L A U R H O G Y C M K E Y L M I B F F
N A W R O E A O E A H K Y D F V O U N E
Y N A N I M A T E D C A R T O O N V O E
Q D L X E Z E M Y I A E R M B N O G I G
O L T S I P O I M S U R B A Y A O G S E
B U D T P O I N N P I N T O C O L V I G
P F I K M T O H A N I A K B F T S D V R
T H S E H S R W A G I W D Y A M E S E O
O S N O O T R A C T O M H O L B I B L E
T A E K C U D D L A N O D I K D B M E G
U B Y R E T H G U A L I E I T D V I T P
L H C Z S R A E L L E B A R A L C J T Q
P E T E P D N R E P P O H S S A R G G T
V R G O O F T R O O P E M A G O E D I V

GOOFY

A U G N I T A O B Y N G R B X F F Y F L
U Y O B I O L A L E M O N A D E I R L T
X B N D S H R U X M Z V X S O F S T S Q
I K D P A B J P K D N A S E W G H S A K
V O L L E Y B A L L L E M B A N I U U E
T T I C B R O L L E R S K A T I N G N E
P U U I B B S B R O Y H C L E D G U X W
D E T B S S X P A F M M H L R R J A W K
T O X C E S P R I N K L E R S A P Y C F
F H T G N I L E K R O N S I P O B C G C
J D U X O S C S D B A E Y C O B C J K H
Z J V M C W Z Z S I S T R L R E I E O T
B Z J O W I E E Y S L F I A T T K V A A
N G S F O M X L A G D S H O S A S H L N
K R O R N M E L C N C N R P N K R L A I
M F C U S I G S W K N G S E T S E T D B
Q Z C K S N M N N P S B H Y T R T V J Q
B T E U U G X C U M C P Q L B A A S I E
J O R S M Q I H C A E B O M H J W G G E
J E X G A P A D S C A F U P I N C Z W F

SUMMER FUN IN THE SUN

R J C G O V C R I S F G S N H U I U X W
R L K Q S K M G T U W N R Y R W U A T F
D B E O J Q E L N I O I Y E Q P B L N H
X R N M C C U D A I O P M H Y S A R E E
E A W N C F E B E R D M M M O M I G G P
R J W B Y R C D C E T U C C I W N F I M
O S Y A W I H A O D G U I N K N K E L A
V I L A D S O B V P T A A T J O G C L Y
I P T A E I L S D E L P H I N I D A E L
N E O Y M O O N E S O N E L T T O B T S
R U L R W M C F W A V E S E L A H W N T
A A E H P E A I I E T S A F S Z X F U H
C J O B B O T M I L E M K H R I G R S K
S L C O T V I V E I A H W R E L L I K A
E B T R M U O S T N Q T C V P A F E C Y
K H T S I M N S E I I M S J P C P N I Y
U F N X W B I A Q S O R E V I O D D L L
L I L O O H C S W U C I A K L V L L C Z
F Z J L W N A Y S U I Q V M F C P Y Q Q
S U I P I X Z J A C U D P U P B Z I Z V

DOLPHINS

A P O M D L V H M J O S Y L E W Z M T H
L L N C S Q V J P V P O G K X M Z W Z E
T Q T Z W N S T T E R R A C E V N E F C
D P G L G A M O T T G H P L I N E B P L
V X I W C D T S R S G D Y I B Y O O T I
H A J I N S A E P A B M M P U X X T Q T
Q K P A O W L R R E R U T P L U C S S W
D J C X S K E D R I L X Y E S X Y R C D
B S R E N A E U C C N A A R D T C T F Q
U U A I O N T O H T M G B S A F H D R X
R P R E Z I L I T R E L L P I I W G U E
H P B C N O L G A Z E B O O R O P L I S
S Q E R R S J I M C S M W U H U D O T L
P R U F A I D O N I G E E I N O N V T F
A F U C S N W E P A B T B D V T U E E S
D L Z B O I F V E H A T S Q G I A S R G
E R R P N O K R O W S E T D L E N I E K
C O A O H P D S E J S U O T E A B E N F
N G H Y R S G F B O I N B R L E W N C R
V U A Y P D C I B P U M T P R S S N Y I

HOME GARDENING

M O V I E S U F L O B M Y S Y M M U T P
R A L U P O P A R K E R B R O T H E R S
O G S G N I T E E R G N A C I R E M A X
S T R A I N B O W S E G D A B Y L L E B
J R I U S A B E A N I E B A B I E S H E
F A S S M R N R C O L O R S R C N D D V
U E T N C P A A T S H P A Y A H A R L O
N H U O H C Y E V S O Z E L E E K A O L
S E F O A H T B B L T F B T B E U C C G
H U F T R I V Y E Y E A T S H R C G R C
I R E R A L S A Q A O N R A S B H N O A
N T D A C D H D T O R D A E I E A I S R
E K A C T R O H S Y R R E B W A R T S I
B E N D E E W T K I D S H T A R I E E N
E N I O R N R R A E B E R A H S K E F G
A N M L S F R I E N D B E A R S H R O M
R E A L R A E B K C U L D O O G U G R E
M R L S L L I M L A R E N E G H N L P T
T I S E O D Y S P O O H E A R T S J P E
R A E B Y S P O O B E D T I M E B E A R

CARE BEARS

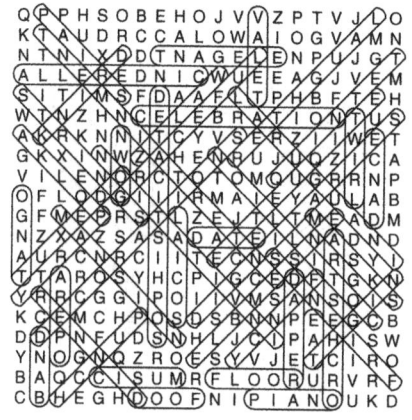

AT THE BALL

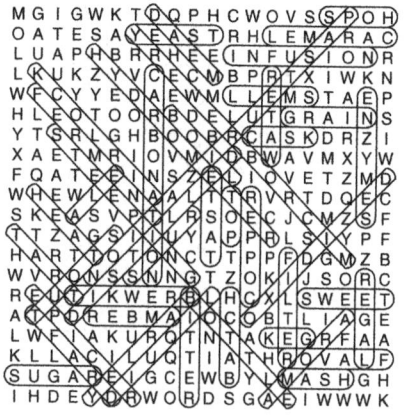

MAKING BEER

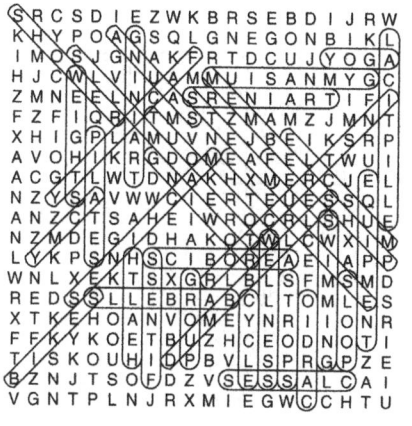

HEALTH CLUB

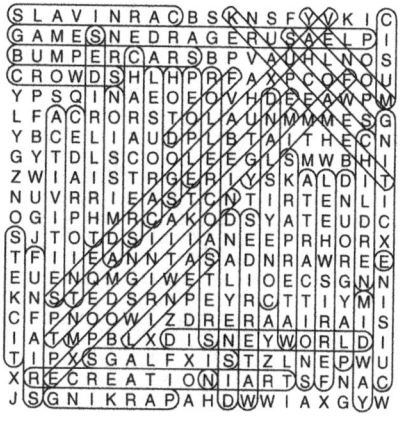

AMUSEMENT PARK

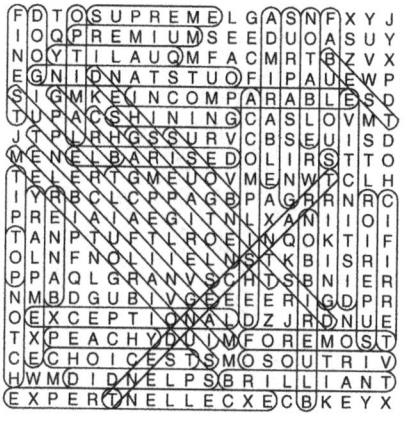

REALLY GREAT

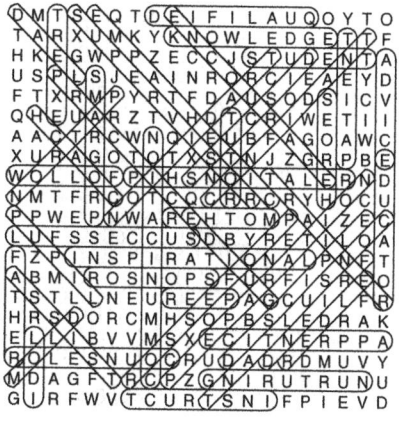

MENTORS

J R I O V M R O M Z Z Z N A C V J B Q O
Z Q G C S S O L X B S T S E T N O G F Z
N B S N E G U Y Y O U D V L A L O N R Z
L P I T I N N N M T D O T C A J M M P E X
L I F W E P D I I F N X T T P O E O E Z
C K B I N R O Y R G S G N E R D L I H C
O E L X F E H O A T N N T M R I X P A I
F C M C I T S A L P S I J U B F A T N S
N G F A N U H Y U M T R P C L I L V D S
B K I W G R L O P I T A I E G E I Y S A
D Z W O E N B F O U D E X I E D G P U L
R K W O R H T N P W C B C B M L I B C C
C C B D Y L S E E N N L P H E N S A U A
V U T R G O D E H T K L A W N K E F L I
X J Q V B N M D U N C A N I I I L S T I
X R R N L Q I E P S X B N L V Z Q C U K
V T J C F N E Y G D Y G L B W I P U R I
N G S J Q E L C A A G O D R M S O U E D
Y S F Z K C H E F L B N D I T R I C K S
G P H K C F W U A O P I M I R F B Y C P

YO-YOS

W P L U Y L U G M Y E N O M K A F U I T
P H A F A L C X I D T W N K G R R D C N
H A O C T A E C N E I R E P X E G A R X
T E O M S B T R I S D T E V C S T X G G
S L U A E T N A M T R O P P E N J O Y A
G M F K E N E V A I R E G I O N E A R N
B L U M S I M O L N A R T C Q R V R N F
H U N E M A E H Q A A I Y R N I D E E S
F C B T S P S P D T V H E A S A T S T B
C L V R U U U S T I H C L I R K T I Z S
H O A O N U M R T O O E T K M I F D M M
O O C P O E A C U N O I S I V E L E T E
L P A O I C A I O B N R D A N E E S F H
I L T L T I B M G G B S L E E P I N G J
D A I I A N I N N E S S B H T A S P R U
A N O T E C S E I L I M A F R E U Z G S
Y N N A R I R G N I K I H R E H R C E E
S I E N C P S W I M M I N G L C E T O X
Q N R M E E G W D R A Y K C A B C X W B
R G Y O R A L U P O P Z H P X O H Y U V

STAYCATIONS

H W J I D Z O G M S T E E H S B H W Z Q
R W E D K S X J R I Y L L I M R V O I V
L E B E R K A P A F B A K S Y E E A N C
Y R B B V E J Y F E G Y P T I A N B D C
J U M U O I S U Y G R L H O K T V T I P
C O D I R L L S W G N A V R F H F M A F
I W A M N F L A D M R K I E V A A T G N X
U S E N A E L C R V O R N W B B Z U O E
J Y R A W S D A E U W E I N R L Q L O O
Z J H O V P W S Q T T T C F I E L D D S
B S T E L I T X E T V A I T C P D D G S
J H S O H V N G S W W M N I H W S N O J
O B S R Q A R G R O G P A N T S G C U R
T Y J N O V A O O V F H G K V B K V E I
L Q K J W G Y L U T K D R I H S A T P K
U O Y Z S F S G Y Y C L O T H G I I K A
N V B E O E F M S S I R W S Z H A Y E K
W M O J A L O M O L P L O Y W N A W G M
W I Q A V I R G D Z H G R P T F I V S Y
Q Y D D Z B V Y A M W A G T J V B G M W

MADE OF COTTON

O J H E W S N R R X A V J E C B W J K A
U R B K M Y H P O E A H V V L B T R S Q
Y V M R Q I P M A G A R G Q A F Y L Y X
V Y H A Z F G Q M F B D E R O L L M O O
D Z L F E O R M K R R U N L N G U A I L
U L B I Q T V C I I G L I U L G B A P A
W Y V P A U A O N A F L P O I N T W I L
J F W A W B H K E S N G V F B U H A N P
J S N A C K S L A T N E R U V N P J X C
M S W K Q E R N F W T Z E N R U T E R M
Y T H A E Y E E P R X I M T E K C O P R
E U O N C D P A C I D N A H T J Z F B P
V Q T H Y W M F K S E L R M T O I E L M
Z Z V U S E U J R T G L F L U N O K W Q
B Z I J P P B E D G O X B A G D V I S E
V L T D S I L D O U B L E E D A C R A M
F E B J Z W R I N A V E R A G E J T U A
W A E R O C S G T R V S D R A O B S U G
H Q O B R E E H C D A N A P S K I D L L
A U P F H M T V N F T C N Q V C N M R A

GO BOWLING

G Q N G C P H D A N C E M A R R I A G E
T C F O R E R O N O I T P E C E R I E C
Y L O G I E R O N U N F A V O R S T P A
I Y D R B S H E P E R O U Q U E T I H E
H N E E S O S S M O Y R G N P W F N O P
Z Z X E D A W E U O S M E D L O I V T E
C P U R Z A G T C H N A O M E H G I O H
X R T K E A O E I O P Y L O M S O T G T
H E I T G N M S K E R B M Y N U V A R F
R H I N N O N D L Q G P V T O C C T A O
E E E I O E D J I T P U Z L R H J F I P E
R A E R S T N A D N E T T A R O N O H C
A R G M G J A M F I S G P P D Z S N E I
E S L R N N G S I D T E S G C I E Y R T
B A T W I G R E A N L R J N A H R U E S
G L O I D B O D N S I O K I T G U B K U
N G S I D F L I C C S S I D E I T R A J
I N V R E M N R E J T F T D R E C J C X
R W V O W S Y B D F L O W E R G I R L H
E G I E Q V B W V K X P K W R Q P R U H

WEDDING CEREMONY

G R L N O O T R A C D E T A M I N A O Y
I A G W A D D R A Y N R A B E H T O D U
P B Y S E I D O L E M E I R R E M O S F
Y B F G S T T D A F F Y D U C K L E Y F
K I D S P A A R A U D I E N C E I O O C
R T T Y E S C I A C S I O I M N S G A C
O E H D E M Y B E M P T M W O E H R S O
P L A D D A S Y G O E O O H M O T R A Y
P M T U Y N S T R V C H P I R O E E N O
C E S B G I U E A I S M T N O T C N I T
N R A U O A P E N E Y E L N C H I N M E
A F L G N N E W N S S E S A I C A U A L
L U L S Z D P T Y A G E R L K V S R T E
B D F B A E O L M H R A D E S I R D E V
L D O U L V L V O I H R L O C Z O A D I
E R L N E I E R E C E O C K E S U O M S
M A K N S L N S Y N D I C A T E D R O I
F W S Y L V E S T E R T H E C A T I V O
M A J E C A P S O R B R E N R A W S I N
P O P U L A R N O I T C E L L O C F E M

LOONEY TUNES

D I D S E I D N A C R U Q S E P G S S Q
Z F W N R Z U Z R Y X S W N I Z S E N B
W Y J Q N A S G N I P O V A L F X L A S
A I G N P G B U P A L O K K G I F T E P
C S M B H C T R E L Y K T J C V G T B O
S L L F D S A B A D H D A C A A A I Y R
V O H J W L I M N C O O N Y A L N K L D
P L E L I M H A U O S Y R A O F E S L M
U L S N M S C C T T E E B C C U N E E U
R I E U R R W A B T N Z O T T D E V J G
Q P G A A P S V R O A H I Q U G R G V P
E O M G P E R I I N C O T L P E G A U I
E P U Y I P A T T C Y X S I E T Y R H L
F S T F W P C I T A D X I S D M Y K U R
F R F V M E B E L N N D T T W S A L Q O
O A O P F R H S E D A R N E W T O R Y R
T P S N P M U C O Y C N E E W O L L A H
Z D O E C I R O C I L J D W S R O L O C
P C F Y D N A C K C O R B S T E E T H X
A S K C I T S V N T P H I Q V K X A U Q

CANDY

T Q H Q X Y A L S J D N K E O P Z D Q D
H W O Q R X R C I U N E V V W I C W H C
P Q A Z M I J T U V R J U T J Z Y H S I
H G D S R J V X L M J R E T S I L B P R
E J B M U E G S V I K E N G A P M A H C
U J D U E D V N Y W B E L F C M I C E L
L W T R W H S I F S C S U I O P T N R E
X Z H T O R E N T S I K M Z G A W F E G
J E S F L T K L E C C Z S Z C A H P U P
P F N G B Z R D O O E X E H Y B R M L N
O V U P L M I D L A W T L S G U M F W Y
Y W W C A B B O N A T I O N X E R M P J
O Z E Z I R R N D B T L N R B E T A W X
C Q Q X D S T E O J U S A D P P R O I Z
Z B P F O W X Y D T U R B T O W T F C R
W A N D P V M B I C U S S P H K O K J L
Z J A A P Q G O U R C B A T H E J D M A
D D Q R U T N I Q V M O X G I U B C H J
P L W Z Z G W L I L S V D S G S X G M R
N S Z A D W T P L A Y G D K L B V D X G

BUBBLES

X S R L I R B L Q R V X U Y N P M P D L
Q P E F L A G S P E C T A T O R S I I S
T O D G K B A S N W O L C L N E G N T I
K N A N D W E D K L A W I O S N E A T N
G S E L A U O Q W V I C C R I E B P E G
O L F A R D O I L E G O T M O Z X F Y
M R D N G H R T C C O H A S R S B Y N K
U S A G P Y S V A H P R O C E S S I O N
S S N O N E A R A T I D A N C E R S C Y
I R E A E I S D A E Y L P O N I E S A X
C A E X I M V K S M Y A D I E R R D O C
H X S T U C O I S R D A G R G G L C O S
Y M A R C H I N G B A N D S E A L L U L
N Y D U D A O T A S E E A I I N O W D S
L R F V M T R L I E K C Y R L R N M T T
Q C L X A N L A R L B N O W G O E A U R
B B O B F O K I H P O M A U E T H V B E
B A A V O P E J Z C E P A H U N L E J E
F C T N H E L I U M T R F O T D Q K N A T
T J S H W I G R A N D P R I Z E B C T D

MARCHING IN THE PARADE

U W T Y S J N S F H S B U A X Y T O N U
I U E N U T G H M Z U N S K M R A T O U
N W U D I W A I O L Y R I C S A A A K U
T E D D D V R G C K D P U O R G T L F T
Y N X E D I T L E Q U I P M E N T E D O
R T D C W G N N H C N Y S P I L C N U P
N O R N H M E G R K E G L E V N B T V B
T C O A S S M M E K C M N T E A W I D I
M C C M P U N C A O F N P I B P X E B Z
Z N K R U B I R U C G G O T S A N V P E
W K S O U O A N A F H U N I Y U E I M S
W A S F V O T D R L A I J O A T E T U S
Y R P R K R R I E H U M N N S X R C S P
U U U E Y I E M E Z Q P E E N C A I E
L R B P N N T G A A P W O R D S S R C A
Z O L K D B N O M I C R O P H O N E T K
X N I S M U E L B T S C O N T E S T C E
R N C C O D L O D R O A D P Y M E N Q R
G Z D L I T A S Y I J L Q S O A A I X S
V Q M V J W J Q H E M D T Z K G M M Q C

KARAOKE FUN

S D O O G D E K A B B S E C A R R Y K E
T X R H H A N D I C R A F T S E A C L D
A C I T F I L R I A H C J G M W O A F I
O E D V S N O W C O N E S A D T V R D R
B R E D I L S R E T A W T I S I S O A Y
E U P E N T E R T A I N M E N T T U E K
L T A G L P O H S N O R V R U M U S L S
D L S B M P S Y G I A I A F P W N E R N
D U S U A K O S L E L C F E P I A L I O
A C B R E T S A O C R E L L O R E O H I
P I N K L E M O N A D E G A T S P I W T
E R K R F A C E P A I N T I N G D O A I
X G R J S S O T N I O C P R I Z E S T T
H A B L U E R I B B O N G A U L T N L E
I E C I S U M P S W I N G I N G S H I P
B D J S M A E S U O H D E T N U A H T M
I A H J L A Y S N O I S S E C N O C X O
T C S S B M J R L E E H W S I R R E F C
S R E L G G U J S E R U T C I P V B G M
D A N C E R S T E K C I T F P Z N W K E

STATE FAIR

R L M W K Q J E V U S S Y U B L A C K F
X P H B R T B F N E D A S J G L N S E F
E P Z Q V R F C Y I U I A B F C I S T O
D P R M O I O E K Y T Q G F E U M Y G F
A X D W J R C O M P A N I O N N A Y B I
L H N T D P L U S H D E E T C E L L O C
L T C U F W N P S E T O Z L N Q P D K E
X N R E V O E E L S V D V A A A Q B I O
P O P F B C S T U F F E D E M V H D S V
Y S S U I L R I P O P U L A R F Z O Y Z
B E S A E N K H K J D D H T E M A K O A
A Q L E Y P C W W A L O V E R T O N T P
B R P N F E H T F I G H D O H O Y N H I
N U U G M X I Z H D N U G L S O F H T C
C Q H W N M N C U B T N W V T R V M K N
T U R R L V U Y D N L G L R I J A N O I
H A G M M I Z P W D I M U E S U M E O C
U E R G K B J T M G F F N H N U J Z Q R
N Y C F Z L N P L A Y D D E T E C L L G
W F J S F T O E O G A T C X Q H L T X R

STUFFED BEARS

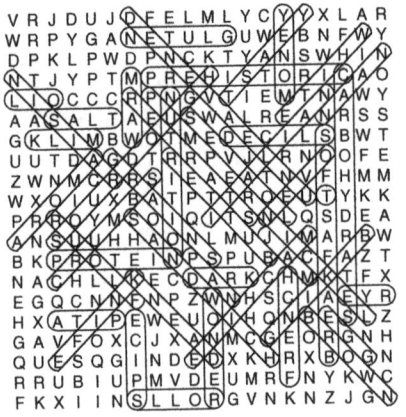

BAKING BREAD

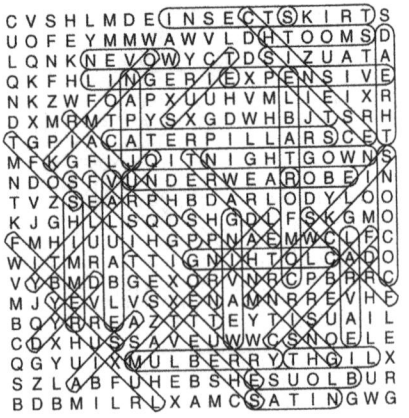

SILKY

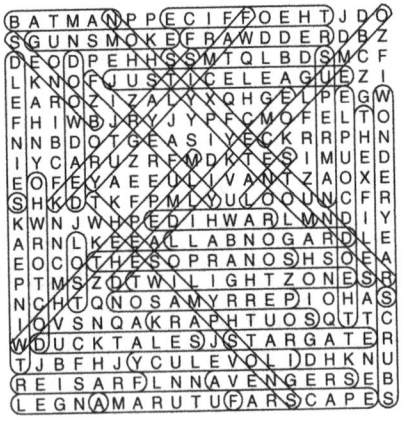

CLASSIC TV SHOWS

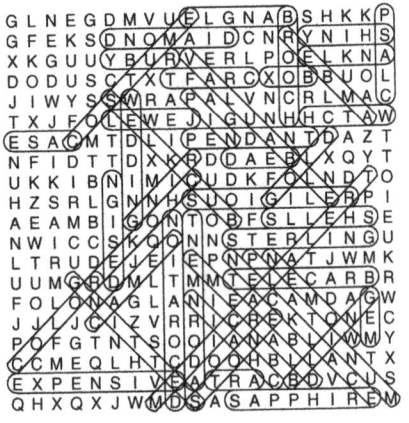

JEWELRY

TICKLED

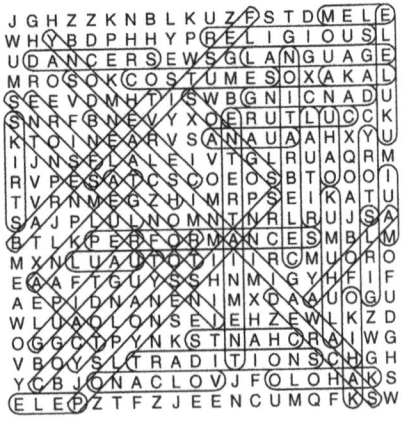

HULA

D P T O E N I A I N S B T H S E K K Y Q
U N C L E S C R O O G E E O R S C M E E
E E V I L Q U E E N S A K X A K U Q P Z
Y S E L U C R E H U T U C S C R D N O C
J U N G L E B O O K I T I E I A D O D P
S O P G A D B M W C N Y R L N P L I O G
K M Q L C M Y A V U K A C B D E A T M H
S Y G I U H L S X D E N Y I E M N A E H
E E R D T N B O Y R D N D R E O M N A
B K U O T E O O T S B T I E E H D I G Z
A C M S E P W H A I E H M R L T N N N T
S I P Z M Y G U S A L E I C L K A A I I
T M Y U L I X F I D L B J N A K R Z D G
I W L L L O L S Y T H E L I O N K I N G
A A O Z A O A F T S Q A R E H P O G I E
N H Z T U T O I D U T S M H Y N S D F R
J U G N N O L E I R A T G T H U M P E R
B C D A G E V I L S T E P M O T H E R I
G E E F T H O X D N A P R E T E P J V Y W
R E T T A H D A M K Y K Q V K E J G Z X

THE WONDERFUL WORLD OF DISNEY

R X Z S I M B W S T N A R U A T S E R K
T W M R S T R A W B E R R I E S R Q A Q
X Y T R A P G E C I K M K S C U C Z S D
W B O X S O I L Z L J Z P E H T O R B O
J H W T S M X R N I A S K E W E R S L U
Y U H H E B O K I C T N F O R K N R U B
V S O L H R Z O A T S E U Q Y A S S B A
B O T S C M U D T O L S P M R H T O H I
I C K P W J R I N D W A F P M A A U A F
X Q A H I W X E U N D K M R A O R P R J
L O M N N A I Q O K R M S P Q R C A P E
D H C N E R F O F O O W T N Y S H D Y N
Q L N A F M X L N O I O I L R S B I I I
H H E M R M A C W S O L C I E T R Q D P
X U J T F M O V C S O J D K O I E A Z T L
B J E W E J V E H W O S S U C B P E Q A
S C E C H V J M T T R C R I N Y W X Q C
L Z U P L A G D W V S F P D K L T Z W K
D A V P G F R U E K U E E O W F P S I Q
S A A M H L M H M N Z U E C T F A V L G

FONDUE WITH OTHERS

Q Y G B Z D X Y K V I S U A L I N E S I
P E J D J W S E Z H J M D A O N P A D A
I L S N R E T T A P Y R A R O P M E T I
E B O R E D O M M N S E P A H S A T T E
E I E M O R H C O N O M X U C S E E L D
G S A R L R D A Y D R E A M S N L P Z T
A I E L U L S L S M S C I R T E M O E G
M V L A I G E Z I P J H W I P I W L A Q
I O D A B L I N L H E S O H S G E Y E H
K E D P N S L F E T C N O N K L A H C S
C H O N P O T U K L T N A R T I S T I C
I G T R A I R S C E S G N I T E E M R
U H G E U R C T A T I C A G D K O W L I
Q R N P R I E S C C R T T M S I D Z I B
H E I A H X S N O I T A S R E V N O C B
L S W P T A U A W V P S T K O A P K N L
B A A U L A E X P R E S S I O N N N E E
K R R C B U L D T U C R A Y O N I I P J
G E D F H O F E D F R E E H A N D C N I
S N I G R A M X I H C A A W R I T I N G

DOODLING

G D R W A K P S J V C I S U M G H C Q Q
B H F D P G R K T O K F A D A N C E R S
F K W K A B Z E N U M N O I T O M P S O
J L N V D L Z T N G D I K F M A F O K C
Q P U H S T E P B T B I L J M T U E A I
M M I N I S X W P E R F O R M A N C E A
P U R T T E P D A C A A F W R Z L H R L
Y C M V L N R T L K D N P E N Z Z O B I
O O O G A S E A H A T P A Y O P K R G N
X K O U T H S E N T E R T A I N M E N T
F F R Y Z S S O E X C I E S T H O O I E
W E L T I C I M O R H V S A I I V G W R
J E L C U T O G T M N L Q L T E R S A
S A A Y I D N Q Z S I E E S E X M A Q C
W L B D E A H H K N Q M G A P R E P M T
T D A R T K X I E R U V C E M D N H A I
R R N E Y Y L P O T E H L J O D T Y Q O
T U M N G L D H S K E N L X C Y S H U N
A P D D I S C O E R W S W K H Y O B E V
O Y N M J H C P B E L V D R Y D E L S G

DANCE

J W A C V G V I G E A Z U Y R I X B V Q
T G S K S T N A L P C T K C F M L G G D
D N Y C S G F I S D E N L R Z O Q C A B
S I K F I R D I N E K S A E O A T B R R
Y R D N U G O O G U E G O M X H V E D O
W P E B Z J Z L W S H S S R O E W A E Z
H S I W R Q E R O A U P O R W R T M N R
M Y J W O M N R N C T P N R F O F S R Q
U W B O F L D T A N A S W C D P L I O A
T S I R O L F W X R I H S L L E H L S N
Q E D G K E T R I B N B E I B S B O E G
S Z S W B D B P O A I D M M U Q R B N Y
P E B U R H S U M S M V U B A S W M I Y
W E I C G Y Q E D O A V F I U E N Y T Q
V K T C N U O J C S V C R N I Y T S N I
Y T U A E B X X N V S F E G L E A V E S
D D O T L P I N K I U G P A I Y W M L M
Z Y E F N S S C E N T Y A R E Z G O A E
U V K I V V M T R E E O A O P H V C V L
P W N I G Q S V N A K V Z X G E E A H L

ROSES

R D J I B A N T U O P S A R E T S I W T
I B L D W Y T I V A R G N I T I C X E H
A C C I D E N T S A P O P I O X E R R R
F S E L W R B L C F Z N I R I D E S C I
R C K N W O D E D I S P U R P T R O S L
K R A P T N E M E S U M A Y S O N G K L
X E J O H R S O U D Z Y T A T E R U R G
A A Q X W D I K I B V E O A Y N T D O Q
F M T W G O B F R X F C R I Q O U H C W
N P S O D B O W U A A E S N S L T F J P
M H A P I L M D S G P L H K N C N U F P
S Y E S H S J E E O A E K O H Y I P Y J
T S Q T S E N M C N S L M G G C O D C E
E I C A A E I E D H U K F E I E P E X C
E C E T L N N G Y W A T C O U H R S S J
L S R I P T B G H L A N K A R T A I L R
F O D O I A L E E T A Z I S R C D G L X
O B O N H L E Y G R E N E C I T E N I K
Y S U P W L R A I L S M D K A R C W H L
M P R V S P E E D W B Y C H I L D R E N

ROLLER COASTERS

UTOPIA

HAPPY BIRTHDAY

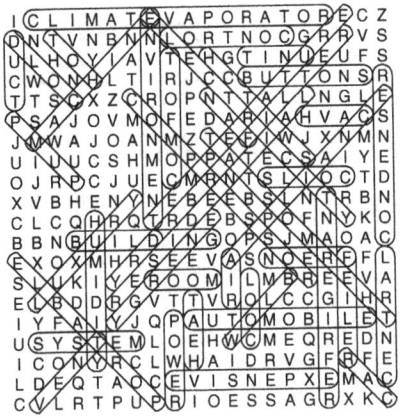

COOL AIR CONDITIONING

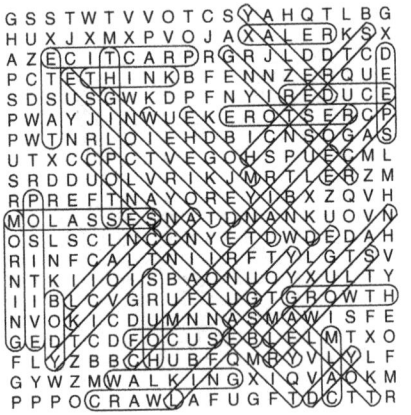

SLOW DOWN